Bier aus eigenem Keller

Wolfgang Vogel

Bier aus eigenem Keller

6., überarbeitete Auflage
4 Schwarzweißfotos
20 Zeichnungen

Ulmer

Inhalt

Vorwort

In früheren Jahrhunderten wurde das Bier nicht in großen Brauereien gebraut mit dem Ziel, es zu verkaufen, sondern viele Haushalte haben sich ihren Eigenbedarf an Bier selbst geschaffen. Das häusliche Bierbrauen war so selbstverständlich, wie etwa Brot zu backen, Käse zu machen oder Wein zu keltern. Im Zuge der Industrialisierung sind diese Techniken weitgehend in Vergessenheit geraten.

In den letzten Jahren jedoch ist das „Selbermachen" allgemein wieder in Mode gekommen, teilweise einfach deshalb, weil die Menschen mit ihrer Freizeit etwas Sinnvolles anfangen wollen. Darüber hinaus hat gerade das Selbermachen von Nahrungs- und Genussmitteln freilich noch einen anderen Grund: Die zunehmende Technisierung, ja Industrialisierung der Nahrungsmittelherstellung löst ein gesteigertes Unbehagen aus. Man denke nur an Hühner in Legebatterien, an Vieh, das mit Hormonen gefüttert wird, an den Gebrauch von Dünger, Schädlings- und Unkrautbekämpfungsmitteln und an Brot, das chemisch konserviert und kunststoffverpackt angeboten wird.

Auch das Bier ist von der Industrialisierung der Herstellung nicht verschont geblieben, verstärkt dadurch, dass in den letzten Jahrzehnten eine Entwicklung zur Konzentration zu beobachten ist, wie in kaum einer anderen Branche sonst. So sind von den 1970 in der Bundesrepublik vorhandenen gut 1800 Brauereien heute (1983) nur noch 1300 übrig, und jährlich werden es rund 40 weniger. Mit jeder Brauerei verschwindet ein Stück Vielfalt, verschwindet ein Bier vom Markt, das sich durch ein in gerade dieser Brauerei übliches Brauverfahren von ähnlichen Bieren anderer Brauereien unterscheidet. Hinzu kommt noch, dass die „Pilswelle" eine Vereinheitlichung des Bierangebotes gebracht hat – Pils schmeckt eben überall in Deutschland wie Pils. Andere Biertypen dagegen sind weitgehend verschwunden, der Wiener Typ schon vor Jahrzehnten, das Münchner Bier hat mit dem vor 50 Jahren üblichen keine Ähnlichkeit mehr, und auch in Dortmund, Heimat eines weiteren wichtigen alten Biertyps, wird überwiegend Pilsner gebraut.

Der Hobbybrauer kann diesem Trend zur Verarmung des Biermarktes nun ganz einfach sein eigenes Gebräu mit ganz individuellem Charakter entgegensetzen. Auch die Kostenseite sei an dieser Stelle kurz erwähnt: ein Liter Selbstgebrautes kostet je nach Qualität, Herstellungsart, Bezugsquelle und Bezugsmenge 50 Pfennig bis 1 DM. Für einen Freizeit-Brauer wird sich die Frage nach der finanziellen Seite des Selberbrauens nicht stellen, er hat einen ebenso einfachen wie triftigen Grund, weshalb er so manche Stunde in Küche und Keller zubringt: Es macht einfach Spaß, Bier zu brauen – und erst recht, Selbstgebrautes zu trinken.

All jenen, die Bier aus Liebhaberei herstellen, soll dieses Buch eine Hilfe sein bei den kleinen und großen Problemen, die dieses Hobby mit sich bringt – für den Anfänger als eine grundlegende Anleitung, für den erfahrenen Praktiker als eine nützliche Übersicht. Der gewerbliche Bierbrauer dagegen wird seine Information aus der Fachliteratur beziehen. Aus diesem Grund soll in diesem Buch auf die Darstellung all jener Verfahren verzichtet werden, für die teure Spezialgeräte notwendig sind und die üblicherweise nur in den gewerblichen Brauereien Anwendung finden.

Bei der Gestaltung dieses Buches wurde versucht, alle chemischen und technischen Vorgänge so klar und einfach wie möglich darzustellen, so dass sie auch ohne besondere Vorkenntnisse verständlich sind. Die chemischen Formeln sind in Fußnoten verzeichnet, sie sind für das Verständnis des Buches jedoch nicht von Bedeutung.

Sollten dem einen oder anderen Leser die dargestellten Zusammenhänge doch recht kompliziert erscheinen, so besteht gleichwohl kein Grund, sich abschrecken zu lassen: Natürlich kann auch der ein ansprechendes Bier brauen, der nicht alles, was in diesem Buch erläutert wird, voll beherrscht. Vielmehr genügt es oft, zu wissen, wo ein bestimmter Sachverhalt nachzulesen ist. So wird man beispielsweise das Kapitel „Mängel und Fehler beseitigen“ überhaupt nur dann lesen müssen, wenn tatsächlich ein Schaden erkennbar ist.

Köngen, Sommer 1984
Wolfgang Vogel

Vorwort zur 6. Auflage 2005

Mehr als 20 Jahre nach der ersten Auflage dieses Buches ist nunmehr die 6. Auflage notwendig. Dafür wurde das Buch auf die Regeln der neuen deutschen Rechtschreibung umgestellt, die Preise wurden angepasst und neue Entwicklungen berücksichtigt.

Die Zahl der Brauereien mit heute rund 1275 hat sich seit 1984 fast stabil gehalten, aber mit anderer Gewichtung: Einerseits hat sich der Trend zur Konzentration bei den großen Brauereien weiter verstärkt. Der Begriff „Fernsehbier“ hat Einzug in die öffentliche Diskussion gefunden. Andererseits haben sich viele neue Kleinbrauereien, oft als Hausbrauerei nur für den Bedarf einer einzigen Gaststätte betrieben, etabliert. Biere, die noch Reste der Gärhefe enthalten, haben einen beträchtlichen Marktanteil erobert. Naturtrübes „Kellerpils“ ist landschaftlich verschieden ein Bestandteil der Getränkekarte, die Popularität des Hefeweizens hat die des Kristallweizens weit überflügelt.

Ziel dieses Buches war und ist immer, dem Hobbybrauer ganz praktische Hilfe zu sein bei den alltäglichen Fragestellungen, bei der Suche nach Lieferanten und nach alternativer oder ergänzender Literatur. In dieser Auflage wurde daher der Bereich „Bezugsquellen“ und „Literaturverzeichnis“ erneut überarbeitet.

Die Angebote für den Hobbybrauer sind weitaus vielfältiger geworden, bei den Geräten wie bei den Rohstoffen. Bestellungen über das Internet erleichtern es, den eigenen Bedarf zu decken.

Wie in den vorausgehenden Auflagen bleibt noch der Dank an alle Leser, die mich auf Fehler und Ungereimtheiten hingewiesen haben und die Bitte an Sie, dies auch weiterhin zu tun.

Ich wünsche Ihnen auch in dieser Neuauflage, dass alle Ihre Versuche gelingen mögen, ein Bier zu brauen, das Ihnen schmeckt. Und dass die Lektüre dieses Buches Ihnen dabei helfen möge.

Köngen, Sommer 2005
Wolfgang Vogel

Einführung

Ein Blick in die Geschichte

Die Erfindung des Bieres ist Gegenstand vieler Legenden geworden: Vom ägyptischen Gott Osiris ist die Rede ebenso wie von einem „Gambrinus, König von Brabant". In Wirklichkeit wird die Erfindung des Bieres wohl nicht die geniale Tat eines Einzelnen sein, wie etwa die Glühbirne oder das Automobil (das waren schon mindestens zwei), sondern eher ein Kind des Zufalls. Wir wissen zwar, dass das Bier wenigstens seit 5000 Jahren bekannt ist, aber wir wissen heute nicht, wie sich die Erfindung des Bieres tatsächlich abgespielt hat; wir können nur vermuten, wie es sich zugetragen haben könnte:

Da ist ein Stück Brot liegen geblieben, nass geworden und hat zu gären begonnen. Entstanden ist ein Brei, der ob seines Alkoholgehaltes die Sinne berauscht hat. Der Vorgang wurde bewusst nachgeahmt, wiederholt und immer mehr weiterentwickelt und verfeinert. So wurde aus dem alkoholhaltigen Brotbrei immer mehr unser Bier.

Am Umweg über das Brot wurde noch jahrtausendelang festgehalten: Die Sumerer, frühe Bewohner des Zweistromlandes, haben zur Bierherstellung angebackenes Brot verwendet, die Ägypter nahmen Laibe aus Teig als Ausgangsstoff für Bier – und die Fellachen, die Bauern am Nil, tun dies heute noch. Die Braustätte war vielfach gleichzeitig Bäckerei.

Jahrtausende später, spätestens um Christi Geburt, war das Bierbrauen auch im weinlosen Norden Europas gebräuchlich. Römische Schriftsteller berichten davon, dass die Gallier, die Frankreich und Teile von Deutschland bewohnten, Getränke aus Gerste kannten. Tacitus, der als erster ausführlich über die Germanen berichtete, überliefert uns:

„Als Getränk haben die Germanen einen schauerlichen Saft, aus Gerste oder Weizen gegoren, ein Gebräu, das mit Wein eine sehr entfernte Ähnlichkeit hat" – kein Zweifel, das Bier ist hier wohl gemeint.

An dieser Stelle sei auch ein Wort gesagt zum Met, zu einem Getränk, das sehr oft mit Bier verwechselt oder gleichgesetzt wird. Beiden ist gemeinsam, dass sie als geradezu typische Getränke der germanischen Stämme gelten. Darüber hinaus aber gibt es kaum Gemeinsamkeiten: Bier wird aus Getreide hergestellt, Met dagegen aus Honig. Eine enzymatische Umwandlung von Stärke in Zucker als Charakteristikum der Bierherstellung ist beim Met nicht notwendig; der Zucker des Honigs kann unmittelbar vergoren werden. Damit ist der Met wohl den Weinen zuzuordnen, möglicherweise wurde aber schon bei den Germanen der Met mit Hopfen gewürzt, wodurch beiden Getränken, Bier wie Met, doch etwas gemeinsam ist.

Die Qualität der in jenen Urzeiten erzeugten Biere kann freilich nicht mit der unserer heutigen Biere verglichen werden. Die Biere waren trübe und dementsprechend kaum haltbar. So sind Darstellungen aus Babylon erhalten, die zeigen, dass Bier mit

Trinkhalmen getrunken werden musste, damit die darin schwimmenden Getreidekörner zurückgehalten wurden. Auch von „schäumendem Bier" wird man kaum reden können. So sind auch die vernichtenden Urteile verständlich, die in der griechischen und römischen Literatur über das Bier gefällt wurden. Die Wein trinkenden Völker haben ihre Feinde als Biertrinker verspottet und dabei sich selbst, die Weintrinker, aber als „richtige Männer" hingestellt, den Wein mit dem Nektar, das Bier aber mit dem Bock verglichen. Für Griechen und Römer war der Wein das Getränk der Kulturvölker, das Bier hingegen Gesöff der Barbaren.

Ein paar Jahrhunderte später, im Reich Karls des Großen, wurde die Bierbrauerei ebenso gefördert wie der Weinbau. Bald wurden die Klosterbrauereien Träger des Fortschritts in der Brautechnik.

Nun wurde auch der schon im Altertum gebräuchliche Hopfen als Bierzusatz wieder entdeckt. Bis dahin wurde als Biergewürz der „Grut" verwendet, ein Gemisch aus allerhand Gewürzen. Das Recht, den Grut herzustellen, das Grutrecht, war teilweise bis ins ausgehende Mittelalter Grundlage jeder Brauerei und wurde sorgsam verteidigt. Der Hopfen dagegen, der das Grutrecht gegenstandslos zu machen drohte, wurde natürlich von den Inhabern der Grutrechte bekämpft, die Verwendung des Hopfens auch von der Obrigkeit untersagt, teils tatsächlich aus (falscher) Sorge um die Bierqualität, teils wohl aus Gefälligkeit den Grutberechtigten gegenüber. Freilich konnte sich der Hopfen ob seiner geschmacklichen und technologischen Überlegenheit schließlich doch durchsetzen. Der Hopfen vermag besonders gut Eiweiß auszuscheiden und dient daher der Klärung der Biere, und auch die angenehme Bittere, unabdingbares Wesensmerkmal der heutigen Biere, rührt vom Hopfen her. Mit der Verwendung des Hopfens war das Getränk geschaffen, das wir nach heutiger Anschauung als Bier bezeichnen.

Man muss sich nun vorstellen, dass in jenen Zeiten das Bier nicht auf Grund gesicherter wissenschaftlicher Erkenntnisse gebraut wurde, sondern dass nach dem Prinzip von Versuch und Irrtum über Jahrtausende hin die Braumethoden erarbeitet und laufend verbessert wurden. Wenn dann einmal etwas schief ging, so war man schnell bereit, das Unerklärliche außersinnlichen Einflüssen zuzuschreiben. Glaube und Aberglaube wurden bemüht. Manchem der damaligen Bräuche lässt sich heute durchaus eine wissenschaftliche Begründung beilegen, andere hingegen können als Irrtum angesehen werden. Schrecklichster Irrtum war sicher, missratene Brauversuche bösen Hexen zuzuschreiben. 1591 wurde letztmals eine Bierhexe auf dem Scheiterhaufen verbrannt. Erst seit dem 19. Jahrhundert wurden die Vorgänge der Bierherstellung Schritt für Schritt wissenschaftlich durchleuchtet. Berühmt ist das Werk von Louis Pasteur aus dem Jahr 1876 mit dem Titel „Études sur la bière", zu Deutsch: Studien über das Bier.

Hierbei, nicht etwa am Beispiel des Weines, hat Pasteur seine Erkenntnisse über die Tätigkeiten der Kleinstlebewesen gewonnen, die weit über die Getränkeherstellung hinaus für die heutige Chemie, Biologie und Medizin grundlegend geworden sind. Auf Grund der Erkenntnisse Pasteurs wissen wir heute ziemlich sicher, dass die angeblichen Bierhexen Opfer wurden von Braumeistern, die schlampig und unsauber ihre Arbeit verrichteten!

Mit der Einsicht in die biochemischen Vorgänge der Bierwerdung konnten auch die jahrhundertelang kaum veränderten Herstellungsverfahren weiterentwickelt werden, zumal gleichzeitig der technische Fortschritt bis dahin unbekannte Möglichkeiten eröffnete: durch die Dampfmaschine, später den Elektromotor konnte Handarbeit durch Maschinenarbeit ersetzt werden, die Erfindung der Kühlmaschine machte das Bierbrauen weitgehend witterungsunabhängig.

Juristerei – bierernst

Schon von den frühesten Anfängen des Brauereiwesens an hat der Staat die Bierbrauerei zu reglementieren versucht, wobei sicher die Sorge um die Volksgesundheit nicht ganz ohne Bedeutung gewesen sein dürfte. Wichtigeres Motiv jedoch war wohl die Sorge um die Gesundheit des Staatshaushaltes. Bier hat nämlich fast immer in seiner Geschichte eine wichtige Rolle in den Überlegungen der Finanzminister gespielt. Entweder der Staat – respektive der jeweilige Machthaber – hat sich selbst das Braurecht vorbehalten, oder der Staat hat Braurechte gegen entsprechende Zahlungen vergeben – die Biersteuer ist die letzte Stufe dieser Entwicklung.

Zur Sicherung des Steueranspruches, zur Vermeidung von Steuerumgehungen, war es dabei notwendig, nicht nur die Besteuerung selbst, sondern auch die Herstellung des Bieres genau vorzuschreiben – in Deutschland war bis 1993 beides im Biersteuergesetz geregelt, seitdem wird unterschieden zwischen dem Biersteuergesetz (das nur noch die steuerliche Seite regelt) und dem Vorläufigen Biergesetz, das die Bestimmungen über die Bierherstellung fast unverändert aus dem alten Biersteuergesetz übernommen hat.* Die für Hobbybrauer bedeutsamen Vorschriften des in der Bundesrepublik Deutschland geltenden Rechts seien hier erläutert. Rechtsnormen, die in Österreich und in der Schweiz gelten, sind in Fußnoten erwähnt.** Der Anhang (Seite 117) enthält auch Auszüge der jeweils in den drei Ländern geltenden Bestimmungen im Wortlaut.

„Zur Herstellung von Bier im Haushalt bestimmte Braustoffe“ anzupreisen und in Verkehr zu bringen war bis 1993 verboten, lange Zeit sogar „Anleitungen über die Bereitung von Bier im Haushalt anzupreisen, zu veräußern oder unentgeltlich abzugeben“.

Seit der liberalen Neufassung des Bierrechts von 1993 ist ein Zustand wiederhergestellt, der in früheren Jahrhunderten selbstverständlich war: Das Hausbrauen war im Mittelalter weit verbreitet, wurde allerdings von der Obrigkeit aus Furcht um die steuerliche Nichterfassung nicht gerne gesehen und folglich vielfach behindert. Das

---

* Ältere Werke enthalten natürlich noch die alten Bestimmungen. Jedoch wird auch in neueren Schriften und im Internet ein teilweise falscher, teilweise widersprüchlicher Mischmasch aus altem und neuem Recht verbreitet. Ich habe versucht, die Rechtslage mit Stand 2005 wiederzugeben.

** in der Schweiz und in Österreich ist das Hausbrauen für den eigenen Bedarf uneingeschränkt steuerfrei möglich, ohne dass Anträge, Genehmigungen oder Meldungen erforderlich sind.
Wer jedoch sein Bier entgeltlich oder auch nur unentgeltlich (!) an Dritte abgibt, muss dafür Steuern bezahlen. Dann muss in der Schweiz die Eidgenössische Oberzolldirektion, Sektion Bierbesteuerung, 3003 Bern, in Österreich das örtliche Zollamt benachrichtigt werden. Dort ist Näheres zu erfahren.
Die Verbreitung von Braustoffen und von Brauanleitungen unterliegt in beiden Ländern keiner Beschränkung.

Anzeige für die Herstellung von Bier im Privathaushalt

Für zollamtliche Zwecke

Hauptzollamt
Postfach

Anmelder (Name, Anschrift)

____

____

____

Datum

---

1. Zum eigenen Verbrauch beabsichtige ich in meiner oben genannten Wohnung /

   in* ______________________________

   am ________________ voraussichtlich

   ______ Liter Bier ______ Grad Plato-Stammwürzegehalt

   ______ Liter Bier ______ Grad Plato-Stammwürzegehalt

   herzustellen.

2. Im Kalenderjahr ______ beabsichtige ich voraussichtlich ❑ nicht mehr als 200 Liter Bier

   ❑ mehr als 200 Liter Bier

   herzustellen.

Hinweise
Die einzelnen Bierherstellungen sind unter Angabe der beabsichtigten herzustellenden Biermenge mit Angabe der Grad Plato-Stammwürzegehalt jeweils zwei Wochen vorher schriftlich anzuzeigen. Bei erstmaliger Anzeige im Kalenderjahr ist auch Abschnitt 2. auszufüllen.

____

(Unterschrift)

* Nur ausfüllen, wenn das Bier nicht in der im Kopf der Anzeige angegebenen Wohnung hergestellt wird.

Hausbrauen war übrigens Aufgabe der Hausfrauen; Beispiele hierzu sind viele überliefert; so war etwa Katharina, die Frau Martin Luthers, berühmt für ihre Braukunst.

In rechtlicher Hinsicht steht also Ihrer Hausbrauerei nichts entgegen – Sie müssen jedoch einige Bestimmungen beachten, aber die Formalien sind so schlimm nicht:

Vor jedem Brauvorhaben müssen Sie Ihrem zuständigen **Hauptzollamt** (Adresse im Telefonbuch zu finden oder bei der Gemeindeverwaltung zu erfragen) Meldung machen,* entsprechend dem Muster auf Seite 11 oder aber einem Formular, das Ihnen das Hauptzollamt (ggf. per Internet) zusendet. Ein Tipp: Machen Sie sich eine Kopiervorlage einschließlich Absender, Adresse usw. Sie brauchen dann nur noch die veränderlichen Angaben wie Absendedatum, Braudatum, Braumenge und Stammwürze (Näheres zum Begriff „Stammwürze“ auf Seite 15) bei den weiteren Anmeldungen einzusetzen. Jeweils in der ersten Brauanzeige eines Jahres müssen Sie daher angeben, ob Sie beabsichtigen, in dem Kalenderjahr mehr als 2 hl zu brauen, denn wenn Sie jährlich höchstens 200 l Bier für Ihren Eigenverbrauch brauen, ist mit dieser Meldung alles Rechtliche erledigt. Wenn es mehr sein sollte, müssen Sie spätestens am siebten Tag nach Ablauf des Monats, in dem das Bier gebraut wurde, ebenfalls beim Hauptzollamt eine **Biersteuer-Erklärung** abgeben*. Ein Muster müssen Sie dann beim Hauptzollamt anfordern. Auch hierbei arbeiten Sie zweckmäßigerweise mit einer wiederverwendbaren Vorlage.

* In der Schweiz und in Österreich nicht notwendig, vgl. Fußnote ** auf S. 10.

Die Höhe der Steuer hängt ab vom Stammwürzegehalt. Der Begriff „Stammwürzegehalt“ wird sehr häufig missverstanden, es handelt sich dabei nicht etwa um den Alkoholgehalt, sondern um den Gehalt an löslichen Stoffen in der unvergorenen Würze. Ermittlung und Bedeutung des Stammwürzegehaltes wird anschließend noch ausführlich behandelt werden. Die Steuer beträgt 0,787 € je Hektoliter und Stammwürzegehalt, angegeben in Grad Plato. Im Folgenden wird für Grad Plato die Bezeichnung ° verwendet. Für 1 l (= 0,01 hl) Bier mit 12 ° beträgt die Steuer somit zunächst rechnerisch 9,4 Cent.

Die Höhe der Steuer ist aber nicht nur nach der Stammwürze gestaffelt, sondern auch nach der Kapazität der Brauerei. Erst ab einer jährlichen Biererzeugung von mehr als 200 000 hl ist dieser volle Steuersatz zu zahlen. Bei geringeren Jahreserzeugungen ermäßigt sich die Steuer, bis 5000 hl sind nur 56 % des vollen Betrages zu zahlen. Zwischen 5000 und 200 000 hl steigt der Steuersatz dann stufenweise an.

Sinn dieser Staffelung nach der Kapazität ist es, die Kleinen gegenüber den Großen zu stärken. Der Konzentrationsprozess im Brauereiwesen, das Aufgehen der kleinen Brauereien in den Großbetrieben zeigt, dass dieses Ziel nur höchst mangelhaft erreicht wird.

Für den Hobbybrauer bedeutet diese Staffelung nach der Erzeugungsmenge, dass wohl immer der geringstmögliche Steuersatz gilt, denn selbst wer jeden Monat 30 l Bier braut, kommt ja nicht einmal auf 4 hl jährlich. Angenommen, Sie brauen 400 l Bier mit 12 ° pro Jahr. Dies sind mehr als 2 hl, somit gilt die vollständige Steuerbefreiung für Hausbrauer nicht. Somit ergibt sich eine Steuer von 21,15 € (= 56% von 4 (hl) × 12 (°) × 0,787).

Der sich für einen Monat ergebende Steuerbetrag ist bis spätestens am 20. Tag des folgenden Monats an das Hauptzollamt zu überweisen.* Am einfachsten freilich wird es sein, wenn Sie der Steuererklärung gleich einen Verrechnungsscheck beilegen (kein Barscheck, der könnte in falsche Hände geraten, die Steuer müsste dann nochmals bezahlt werden). Bei den geringen Beträgen, um die es sich bei Hobbybrauern handelt, wird es Ihnen nicht wehtun, dass bei diesem Verfahren vielleicht die Steuer schon vorzeitig abgebucht sein wird.

Das Biersteuergesetz regelte früher nicht nur Fragen, die direkt mit der Besteuerung zusammenhängen, sondern auch die Bierherstellung: § 9 enthielt das berühmte **deutsche Reinheitsgebot**.**

Zurück geht dieses Reinheitsgebot auf einen bayerischen Herzog namens Wilhelm IV., der 1516 verfügt hat, dass zur Herstellung von Bier „allain Gersten/Hopffen/und Wasser genommen und gepraucht sölle werdn". Diese Regelung wird oft als Deutschlands ältestes Lebensmittelgesetz bezeichnet. Ursprünglich war aber wohl nicht der Schutz des Verbrauchers vor verfälschtem Bier das Hauptanliegen des Herzogs, es ging ihm vielmehr um das Wohl der bayerischen Gerstenanbauer, die so zu einem krisensicheren Absatzmarkt kamen. Bis zum Erlass des Reinheitsgebotes (und auch danach in besonderen Notlagen bis hin zum Zweiten Weltkrieg) wurde zur Bierbereitung fast alles verwendet, was nur Stärke (oder Zucker) enthält: Kartoffeln, Sojabohnen, verschiedene Getreidearten, ja sogar Rosskastanien. Das Reinheitsgebot war sicher ein Fortschritt. Bis heute ist diese Bestimmung nahezu unverändert in Kraft: § 9 Abs. 1 des Vorläufigen Biergesetzes bestimmt: „Zur Bereitung von ... Bier darf ... nur Gerstenmalz, Hopfen, Hefe und Wasser verwendet werden." Allerdings gilt dieses uneingeschränkte Reinheitsgebot nur für jenen Teil der Bierproduktion, der unter Verwendung von untergäriger Hefe hergestellt wird – was die Begriffe „ober-" und „untergärig" bedeuten, erfahren Sie auf Seite 33. Für obergärige Biere gelten erheblich mildere Bestimmungen: auch Malze aus anderen Getreiden (Weizen vor allem, gelegentlich Roggen. Reis und Mais gelten hier nicht als Getreide) und Zucker sind zugelassen.

Die Durchbrechung des Reinheitsgebotes hat Tradition: Schon Maximilian, Urenkel jenes Wilhelm IV., der das Reinheitsgebot erlassen hatte, hat die Weizenbierbrauerei wieder eingeführt; allerdings nur für eine den Wittelsbachern selbst gehörende Brauerei – das höchst einträgliche Sonderrecht konnte sich das bayerische Herrschergeschlecht bis 1789 bewahren.

Aber im Kern hat sich das Reinheitsgebot über Jahrhunderte hinweg halten können – bis die Eurokraten in Brüssel sich dieser Sache annahmen. Sie sahen in der bewährten

* In der Schweiz und in Österreich nicht notwendig, vgl. Fußnote ** auf S. 11.

** In der Schweiz ist die Bierherstellung in der Lebensmittelverordnung (siehe Anhang Seite 119) geregelt. Danach sind an Rohstoffen neben Gersten- und Weizenmalz auch Rohgetreide, Zucker und Stärke erlaubt, zur Kellerbehandlung verschiedenste Zusatzstoffe.
In Österreich ist die Bierherstellung im Österreichischen Lebensmittelbuch (siehe Anhang Seite 120) behandelt. Danach sind an Rohstoffen neben Gerstenmalz Malze aller anderen Getreide, Rohgetreide, Stärke und Zucker erlaubt. Ein Zusatz über 25% muss aber angegeben werden. Die Regelung über Zusatzstoffe lässt einen sehr weiten Spielraum.

Brauvorschrift erstrangig ein Handelshemmnis. Es wurde folgendermaßen argumentiert: Ausländische Brauereien können nicht nach Deutschland importieren, weil ausländische Biere durch das Biergesetz nicht zugelassene Stoffe enthalten. Es sind mittlerweile 52 solcher Stoffe nachgewiesen, insbesondere:

Ersatzstoffe:
Ungemälzte Getreide
Mais
Reis
Zucker
Zusatzstoffe:
Schaummittel
Klärmittel
Konservierungsmittel
Säuren:
Salzsäure
Schwefelsäure
Milchsäure

Die deutsche Seite beharrte demgegenüber auf dem Standpunkt, dass ausländische Brauereien, wollten sie Bier nach Deutschland einführen, ja ein Bier herstellen könnten, das den deutschen Bestimmungen entspricht. Die Diskussion hat die Züge eines Glaubenskrieges, einige Tatsachen seien zur Aufhellung der Standpunkte aufgezählt:

- Ersatzstoffe sind im Allgemeinen billiger als Malz, andererseits:

ein Bier, das nach dem Reinheitsgebot und den Regeln der Braukunst hergestellt wird, benötigt keine Zusatzstoffe, wohl aber ein Bier, für das Ersatzstoffe verwendet wurden.

- Viele im Ausland gebräuchliche Zusatzstoffe sind in Deutschland als gesundheitsschädlich für andere Lebensmittel verboten, andererseits:

es gibt auch Zusatzstoffe, die als unschädlich gelten.

- Es könnte ein, amtlich überprüftes, Biersiegel „Hergestellt nach dem Reinheitsgebot“ geschaffen werden, so hätte der Verbraucher die Freiheit, selbst zwischen verschiedenen Bieren zu entscheiden, andererseits:

das Reinheitsgebot schützt den Verbraucher umfassend, warum sollte es dann durch „Biersiegel“ auf Einzelfälle beschränkt werden?

Inzwischen hat der Europäische Gerichtshof entschieden, gegen das Reinheitsgebot. Bislang hat dies noch nicht zu einschneidenden Veränderungen im Bierangebot geführt. Die deutschen Brauereien blieben ihrem traditionellen Brauverfahren treu, sie setzen sogar gerade auf die Aussage „Gebraut nach dem deutschen Reinheitsgebot“, und ausländische Biere sind bislang kaum auf dem deutschen Markt aufgetaucht. Für Hobbybrauer galten schon vor dem Luxemburger Urteil Sonderregelungen; es werden in diesem Buch daher auch Brauverfahren erwähnt, die dem Reinheitsgebot nicht entsprechen. Der Hobbybrauer mag dann selbst entscheiden, nach welchen Grundsätzen er sein Bier brauen will. Der Überzeugung des Verfassers entsprechend wird in diesem Buch jedoch bewusst gezeigt, wie Biere im Haushalt hergestellt werden können, die dem Reinheitsgebot entsprechen – gemäß alter süddeutscher strenger Lesart auch bei der obergärigen Brauweise.

Gleichwohl soll die Darstellung nicht auf das nach dem Reinheitsgebot Erlaubte beschränkt werden. Schließlich soll der Leser nicht bevormundet werden, sondern selbst beurteilen können, wieweit er das Reinheitsgebot beachten sollte. Nachteilige Wirkungen von Bierherstellungsverfahren –

auch von erlaubten – sollen daher jeweils dargestellt werden.

Der § 9 des Vorläufigen Biergesetzes ist auf Seite 117 im Wortlaut abgedruckt und kurz erläutert.

Der Stammwürzegehalt

Der Charakter eines Bieres wird ganz wesentlich bestimmt vom Gehalt an Alkohol und an im Bier gelösten unvergorenen Stoffen. Es ist daher besonders wichtig, während der gesamten Bierherstellung vom Maischen bis zur Abfüllung diesen Gehalt an gelösten Stoffen, den **Extraktgehalt**, zu überwachen. Auch das Biersteuergesetz besteuert die Biere nach dem Extraktgehalt, es schreibt die Angabe „Grad Plato-Stammwürzegehalt" in der Biersteuererklärung vor.

§ 2 des Biersteuergesetzes definiert **Grad Plato** als „Stammwürzegehalt des Bieres in Gramm je 100 Gramm Bier". Der alte § 8 der Durchführungsbestimmungen zum Biersteuergesetz erläuterte den Stammwürzegehalt plastischer als den „Gehalt der ungegorenen Anstellwürze an löslichen Stoffen in Gewichtshundertteilen" – ein Bier mit einem Stammwürzegehalt von 11 % enthält also je 1000 g 110 g gelöste Stoffe und ansonsten 890 g Wasser. Wir bleiben in diesem Buch bei der griffigen Bezeichnung „%", die im Biersteuergesetz verwendete Angabe „°" bzw. „Grad Plato" ist betragsmäßig identisch.

Anstellwürze nennt man die Bierwürze nach dem Ende des Abkühlens der gekochten Würze, jedoch vor Zugabe der Hefe. Zu diesem Zeitpunkt enthält die Würze noch keinen Alkohol, sondern besteht aus Wasser, vergärbaren Zuckern und weiteren unvergärbaren Stoffen. Die Bierwürze ist eine

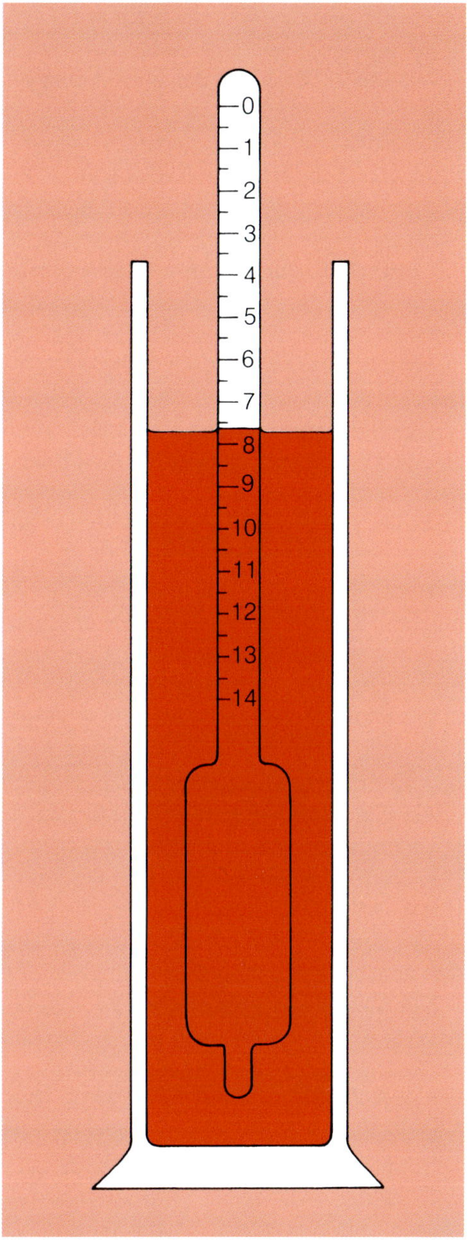

Die Bierspindel schwimmt in der Würze. Hier wird ein Wert von 7,7 % abgelesen.

„wässrige Lösung", die ein bestimmtes Artgewicht hat, das höher ist als das Artgewicht des reinen Wassers und das umso höher ist, je mehr Stoffe in dieser „wässrigen Lösung" gelöst sind – aus dem Artgewicht kann mit Hilfe von Tabellen der Extraktgehalt ermittelt werden. Gemessen wird das Artgewicht mit einer **Senkspindel**, einem Gerät, das in Technik und Naturwissenschaft vielfach verwendet wird, die bekanntesten Senkspindeln sind die Spindel zur Messung der Batteriesäure beim Auto und die Oechslewaage des Winzers.

Eine Senkspindel arbeitet nach dem Prinzip, dass ein Körper so weit in eine Flüssigkeit eintaucht, bis das Gewicht der verdrängten Flüssigkeit dem Eigengewicht des Körpers entspricht. In eine leichtere Flüssigkeit wird damit die Senkspindel tiefer eintauchen, also mehr Flüssigkeit verdrängen. Damit kann das Artgewicht entsprechend der Eintauchtiefe festgestellt werden.

Die Skala der Würzespindel ist so aufgebaut, dass nicht das (erst noch umzurechnende) Artgewicht angezeigt wird, sondern direkt der Gehalt an gelösten Stoffen in %. Soweit nun dieser Extraktgehalt auf vergärbare Zucker entfällt, wird bei der Gärung Alkohol und Kohlensäure entstehen, die nicht vergärbaren Bestandteile des Extraktes werden dem späteren Bier Vollmundigkeit und Schaumhaltigkeit geben, aber auch süße, pappige Biere verursachen. Das Sudverfahren entscheidet mit, wie der Stammwürzegehalt sich auf vergärbare und nicht vergärbare Bestandteile verteilt. Im Allgemeinen wird ein Bier von 12 % Stammwürze nach der Gärung noch etwa 3–4 % Extrakt aufweisen, der vergärbare Zucker wird einen Alkoholgehalt von 3,5–4,5 % erzeugt haben. Ansonsten ist Kohlensäure entstanden, die

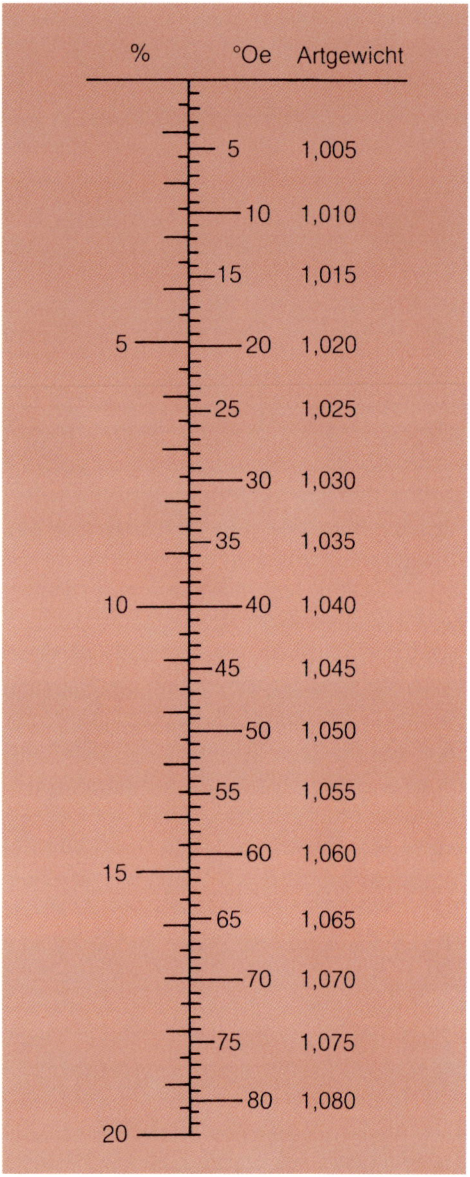

Umrechnung von Artgewicht bzw. Oechslegraden in Extraktgehalt in Gewichtsprozent: Das Artgewicht 1,050 = 50 °Oe entspricht einem Extraktgehalt von 12,3 %.

zum Teil im Bier gelöst, zum Teil in die Gärkellerluft entwichen ist.

Wir werden sehen, dass die Messung des Extraktgehaltes bei der Bierherstellung so wichtig ist und so häufig vorgenommen wird, dass sich eine Anschaffung dieses nicht besonders teuren Gerätes (eine einfache, ungeeichte Ausführung ist schon für weniger als 10 € zu erhalten) jedem Hobbybrauer zu empfehlen ist.

Tipp: Man kann sich auch mit einer Oechslewaage behelfen. Das abgelesene Ergebnis muss durch vier geteilt werden, um °Oe näherungsweise in % Extrakt umzurechnen. Die nebenstehende Tabelle gibt die Beziehungen zwischen Artgewicht, Oechslegraden und % Extrakt genauer wieder.

Arbeit mit der Würzespindel

Ein Standzylinder – Größe je nach Spindel 100 oder 250 ml – wird mit der zu prüfenden Bierwürze gefüllt. Bereits gärendes Bier muss so lange geschüttelt werden, bis keine Kohlensäure mehr aufsteigt; andernfalls würden sich die leichten Kohlesäurebläschen an der Spindel festsetzen, diese mit nach oben treiben und so das Messergebnis verfälschen. Dann wird die Spindel vorsichtig eingetaucht, bis sie frei schwebt – nicht mehr, die sonst am Hals haftende Flüssigkeit verfälscht das Messergebnis ebenfalls.

Nun wird der Extraktgehalt am „Meniskus“ abgelesen, und zwar bei vielen Ausführungen „von unten“: Man hält das Gerät in Augenhöhe und liest unterhalb des Flüssigkeitsspiegels ab. Viele Würzespindeln werden auch „von oben“ abgelesen, dies ist dann auf dem Gerät vermerkt.

Vorsicht: Die Prozentzahlen auf der Würzespindel nehmen nach unten zu!

Die abgelesenen Werte stimmen nur dann genau, wenn die Probe eine Temperatur von 20 °C hat (es gibt aber auch noch ältere Typen auf der Basis von 17,5 °C). Wenn die

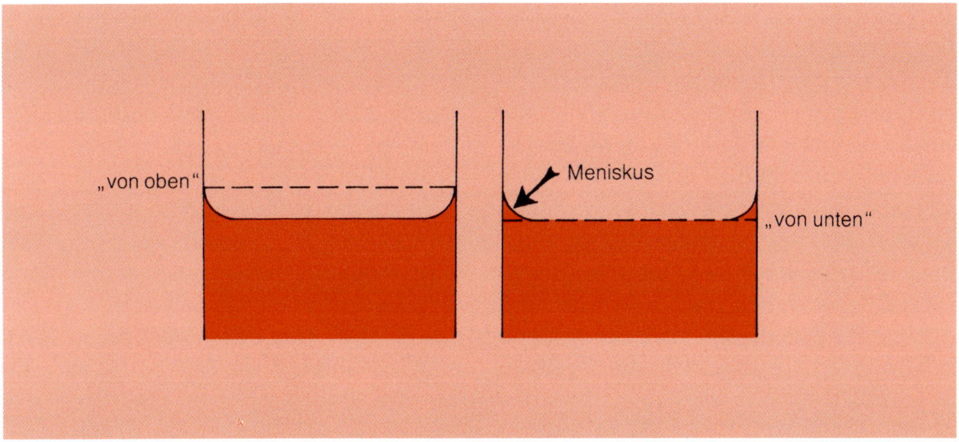

Je nach Typ der Bierspindel wird am Meniskus von oben oder von unten der Extraktgehalt abgelesen. Wenn „von oben“ abgelesen werden muss, so ist dies auf der Spindel vermerkt.

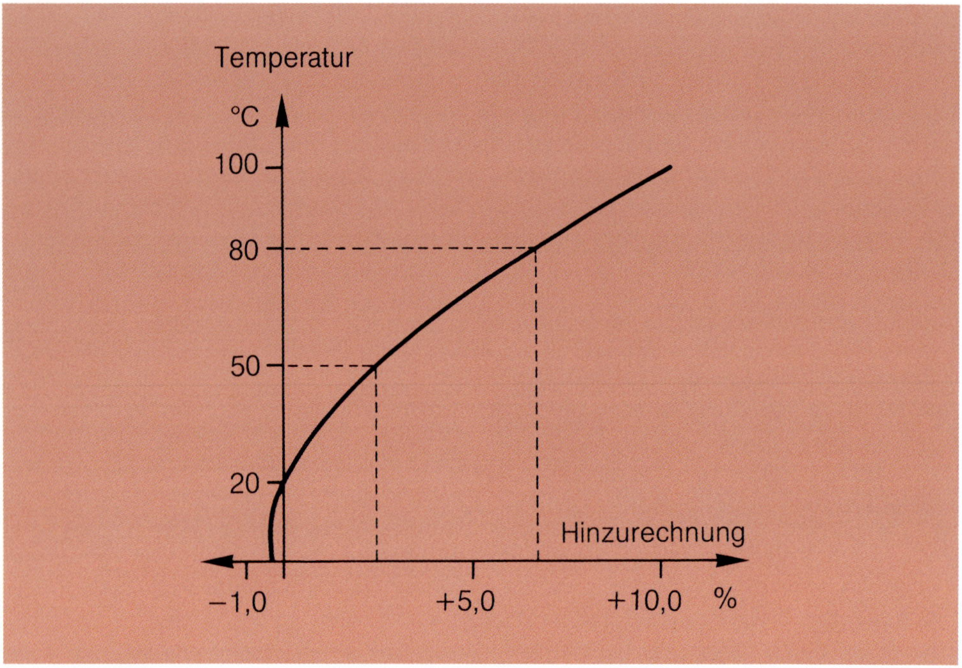

Temperaturkorrektur der Spindelanzeige: Flüssigkeiten dehnen sich bei der Erwärmung aus – Flüssigkeit mit gleichem Gewicht nimmt einen größeren Raum ein. Die Spindel verdrängt folglich dieselbe Flüssigkeit, in Gewicht ausgedrückt, erst bei größerer Eintauchtiefe. Die Spindel zeigt folglich einen zu geringen Extrakt an. Bei 50 °C sind z. B. dem angezeigten Extraktgehalt 2,5 % hinzuzurechnen, bei 69 °C (senkrechte Skala) dann 5 % (waagrechte Skala).

Temperatur von diesem Basiswert abweicht, so muss entsprechend dem vorstehenden Schaubild korrigiert werden. Eine Extraktmessung muss daher immer von einer gleichzeitigen Temperaturmessung begleitet sein! Zum Korrekturschaubild ist zu bemerken, dass bei höheren Temperaturen die Mess-Ungenauigkeit doch sehr zunimmt, daher sollte man die Würze lieber etwas abkühlen lassen. Genau stimmt das abgebildete Schaubild übrigens sowieso nur bei einem Extraktgehalt von 12 %, bei geringerem Extrakt ist die Abweichung etwas geringer, bei höherem Extrakt etwas größer. Diese Abweichungen sind aber unterhalb der Messfehler-Grenze.

Für steuerliche Zwecke wird übrigens nicht mehr der in der Würze gemessene Wert zu Grunde gelegt, sondern ein aus dem im fertigen Bier vorhandenen Alkohol- und Extraktgehalt zurückgerechneter Wert. Für den Hobbybrauer dürfte dies ohne Belang sein; im Anhang ist die Berechnung nach der „großen Ballingschen Formel“ erläutert (siehe Seite 118).

Der erste Brauversuch

Der Durchschnittsbürger hat allenfalls sehr vage, häufig gar keine Vorstellung davon, was beim Bierbrauen geschieht. Dieses Kapitel soll daher zunächst einen Einblick geben in die Abläufe beim Bierbrauen. Es wird Schritt für Schritt gezeigt, wie mit einfachen, in jedem Haushalt vorhandenen Mitteln ein trinkbares Bier hergestellt werden kann.

Wer bereits Erfahrung in der Bierbrauerei besitzt, wird dieses Kapitel auch ganz übergehen können.

Selbstverständlich gibt es kein einheitliches Braurezept – jede Biersorte erfordert ein besonderes Brauverfahren und jeder Braumeister hat seine eigenen Abwandlungen hierzu. Verschiedene Malzqualitäten erfordern ebenfalls Abwandlungen, ebenso verschiedene Brauwässer. Das nachfolgende Rezept wird jedoch unter durchschnittlichen Bedingungen rund 10 l Fertigbier der Gattung Vollbier ergeben, also mit um 11 % „Stammwürze", was einem Alkoholgehalt von 3,5 bis 4,5 % entspricht. Wenn das Bier gut gelingt, wird es dem „Kölsch" ähnlich werden, die hierfür verwendete obergärige Hefe erlaubt ein besonders einfaches Herstellungsverfahren. Die Lagerzeit ist recht kurz, dadurch wird Ihre Geduld auch nicht über Gebühr beansprucht. Die obergärige Brauerei erfordert auch Gärtemperaturen, wie sie ohne Schwierigkeiten das ganze Jahr hindurch in fast allen Häusern eingehalten werden können: 15 bis 20 °C – bei untergäriger Hefe dagegen muss, zumal im Sommer, häufig gekühlt werden, da Temperaturen unter 5 °C vorteilhaft sind. Das nach diesem Rezept hergestellte Bier wird wahrscheinlich nicht vollkommen sein, es wird möglicherweise trübe bleiben, etwas schal schmecken, wenig Schaum bilden und nicht sehr haltbar sein. Aber Sie wissen dann, wie der Arbeitsablauf beim Bierbrauen aussieht, welche Geräte man (mindestens) braucht und wie bestimmte Handgriffe anzusetzen sind. Und Sie haben schon manches festgestellt, was Sie beim zweiten Versuch besser machen werden.

In den folgenden Kapiteln wird all das, was hier nur sehr kurz angedeutet wird, ausführlich besprochen werden; es wird erklärt werden, weshalb in bestimmter Weise vorzugehen ist und es werden verfeinerte Methoden beschrieben werden.

Tipp: Wichtig ist, dass Sie ein Brauprotokoll anlegen nach Muster auf Seite 20, nur so können sie sicher sein, dass nichts vergessen wurde, und nur so können Sie später nachvollziehen, woran es liegen könnte, dass etwas schief gegangen ist.

Bevor Sie nun zu einem ersten Brauversuch schreiten, sollten Sie sich unbedingt alle Geräte beschaffen, die für einen Brauvorgang mindestens notwendig sind. Fangen Sie erst an zu brauen, wenn Sie wirklich alles bereitgestellt haben, was in diesem Kapitel als Grundausstattung beschrieben wird – während der Siedearbeit werden Sie als Anfänger kaum Zeit haben, noch nach allerhand Gerätschaften zu suchen.

Zeit	**BRAU-PROTOKOLL** Sud-Nr.:	Biersorte ______
	Brauanzeige an HZA, angemeldet: ______ l	Vollbier/Starkbier/ ______
	Tag des Sudes	

Schüttung	kg	Art	Hersteller
	______	Helles Malz	______
	______	Dunkelmalz	______
	______	Farbmalz	______
	______	Karamellmalz	______
	______	______	______

Wasserhärte: ______ ° dH, Enthärtung: ______

Hauptguss: ______ l, Nachguss: ______ l

Maischverfahren: ______

Einmaischen bei ______ °C

Rast min	Temp. °C	Kochm. l	Rast °C/min	Kochen/min

Beginn des Abläuterns, Extrakt der Vorderwürze ______ %

Beginn der Nachgüsse, Extrakt der Würze ______ % ______ l

Hopfen ______ g Herkunft ______

Sonstige Zusätze

= ______ min Würzekochen, Menge der Würze n. d. Kochen ______ l

Stammwürze ______ %, Sudhausausbeute ______ %

Hefe = obergärig/untergärig Herkunft ______

Beginn der Gärung, Gärtemperatur ______ °C

Schlauchen, Extrakt ______ %, Menge ______ l Nachgärung ______ °C

Spundung ______ bar

Abfüllen, Extrakt ______ %, Menge ______ l Schwand ______ %

Vergärungsgrad ______ %

Bemerkungen, weitere Behandlungen usw.: ______

______

______

Farbe: ______

Klarheit: ______

Schaum: ______

Vollmundigkeit: ______

Rezenz: ______

Bittere: ______

Steuererklärung an HZA (nur, wenn pro Jahr mehr als 200 l gebraut werden)

Beginnen Sie Ihre Vorbereitungen mit der Beschaffung der Materialien (Bezugsquellen siehe Anhang Seite 124).

- 2,5 kg helles, geschrotetes Malz
- 25 g Hopfenpellets
- 1 Päckchen obergärige Bierhefe

Für diesen ersten Brauversuch verwenden wir nur Geräte, die sowieso im Haushalt vorhanden sind, allenfalls werden Sie vielleicht Bekannte oder Verwandte bemühen müssen, um Ihnen auszuhelfen:

- Einmachtopf, emailliert oder Edelstahl, mind. 20 l
- Kunststoffeimer, 15 l
- Messbecher, 1 l
- Salatsieb, möglichst auf Eimer und Einmachtopf passend
- Rührlöffel, wenigstens 40 cm lang
- Einmachthermometer (wenigstens bis 80 °C reichend)
- Lochkelle
- 2 Stoffwindeln, ausgekocht
- Gummi- oder Kunststoffschlauch mit 8 bis 12 mm Innendurchmesser, Länge 1 m

Den Schlauch werden Sie kaufen müssen, er kostet aber nur wenige Cents. Nach Abschluss des Brauvorganges, während der Gärung, sollten Sie sich dann spätestens noch um geeignete Flaschen bemühen, für den Anfang genügen Mineralwasserflaschen mit Schraubverschluss. Wenn Sie sich dies alles beschafft haben, so wählen Sie als Brautag einen Tag, an dem Sie wenigstens 5 bis 6 Stunden die Küche ungestört benutzen können. Aber keine Angst, Sie müssen in dieser Zeit nicht pausenlos dabei bleiben, einige Vorgänge laufen ganz von selbst. Schicken Sie noch rechtzeitig die Brauanzeige an Ihr Hauptzollamt, und dann können Sie loslegen:

1. Ein Teelöffel Zucker in einer (großen) Tasse mit zimmerwarmem Wasser auflösen und Bierhefe darin verrühren, zudecken und beiseite stellen. Wir kommen auf diese „Anstellhefe“ in ein paar Stunden zurück.
2. Es werden 9 l Wasser im Einmachtopf auf 40 °C erwärmt. Wenn Sie nun 2,5 kg Malz zugeben, so sinkt die Temperatur auf die Einmaischtemperatur von 35 °C.
3. Nun wird die Temperatur unter ständigem Rühren auf 52 °C erhöht. Das soll in rund 15 bis 20 Minuten geschehen, es soll in 1 Minute die Temperatur also um 1 °C steigen. Bei den meisten Elektroherden (1500, höchstens 2000 Watt) wird hierzu die höchste Schalterstellung nötig sein; bei Gasherden genügt vielleicht etwas weniger.

Wichtig: Alle in diesem Buch angegebenen Temperaturen sollten auf 1 bis 2 °C genau eingehalten werden.

4. Wenn 52 °C erreicht sind, Herd abschalten und 30 Minuten ziehen lassen. Mehrmals umrühren.
5. Unter ständigem Rühren wird die Temperatur auf 65 °C erhöht (wieder etwa um 1 °C je Minute).
6. Wieder 20 Minuten ziehen lassen, dabei alle 2 bis 3 Minuten umrühren.
7. Jetzt wie oben auf 72 °C erwärmen (um 1 °C je Minute).
8. Rast 30 Minuten.
9. Erwärmen auf 78 °C (wieder um 1 °C je Minute).
10. Jetzt die Festbestandteile etwas absetzen lassen, nach 10 bis 15 Minuten wird die Würze klar.
11. Zum „Abläutern“ stellen wir auf den 15-l-Eimer das Sieb, in das Sieb kommt das

Seihtuch. Zuerst wird mit dem Schöpfer die von oben her weitgehend klare Flüssigkeit abgeschöpft und durch das Tuch geschüttet. Langsam sammeln sich die Treberteile im Tuch an und bilden so eine weitere Filterschicht. Schließlich entleeren Sie den restlichen Topfinhalt in das Tuch.

12. Setzen Sie jetzt erneut 9 l Wasser auf und erhitzen Sie sofort auf 78 °C – nicht höher! Dieses Heißwasser gießen Sie so über die Treber, dass diese immer gut benetzt sind. So werden die noch in den Trebern sitzenden Bierbestandteile herausgelöst.

13. Im Eimer steht jetzt die – hoffentlich – weitgehend klare Würze. Der Einmachtopf wird mit klarem Wasser ausgeschwenkt, die Würze wieder in diesen zurückgeschüttet. Die Würze jetzt mit voller Kraft zum Kochen bringen. Vom Sieb läuft noch weiter Würze ab, geben Sie auch diese in den Würzetopf – oder setzen Sie das Sieb gleich auf den Würzetopf auf.

14. Kurz vor dem Kochen wird der Hopfen (25 g) zugegeben, die Würze dann 1 ½ Stunden gekocht, zunächst im offenen Topf, es dürfen ruhig 1 bis 2 l Flüssigkeit verdampfen. Wichtig ist, dass sprudelnd gekocht wird.

15. Nach dem Kochen wird erneut in den Eimer abgesiebt, hierfür aber ein frisches Tuch verwendet. Die Hopfentreber bleiben als grüner Brei im Tuch zurück.

16. Die Würze muss jetzt schnellstmöglich abgekühlt werden, dazu in das Spülbecken kaltes Wasser füllen und den Eimer hineinstellen. Zur möglichst schnellen Abkühlung Kühlwasser öfters austauschen. Nach 2 bis 3 Stunden sollte eine Temperatur von 20 °C erreicht sein.

17. Jetzt – erst, wenn 20 °C erreicht sind! – wird die Gärhefe (Punkt 1) zugesetzt und der Eimer in einen Raum gebracht, der 15 °C, höchstens 20 °C warm ist.

18. Nach ein bis zwei Tagen beginnt erkennbar die Gärung, es bildet sich eine weiße, cremige Schicht auf der Oberfläche; ein bis zwei weitere Tage später bilden sich Kräusen, richtige Schaumgebirge. Obergärige Hefe steigt jetzt auf und bildet schmierigbraune Flächen auf den Kräusen.

19. Nach weiteren drei bis vier Tagen fallen die Kräusen zusammen, die Hefe wird mit einer Lochkelle abgeschöpft.

20. Mit dem Schlauch wird das Jungbier in Flaschen gefüllt. Hierzu Gäreimer entsprechend hoch stellen, so dass die bereitgestellten Flaschen in jedem Fall tiefer stehen. Nun wird der Schlauch in das Bier gesenkt, aber nur so weit, dass kein Bodensatz mit angesaugt wird (am besten einen Helfer engagieren, der den Schlauch unter Kontrolle behält). Nun wird am Schlauch Bier angesaugt und der Schlauch sofort in die Flasche geschoben. Das Bier läuft jetzt selbstständig vom Gäreimer in die Flasche, solange der Flüssigkeitsspiegel in der Flasche niedriger ist als im Gärbehälter. Wenn die Flasche voll ist, wird der Schlauch zwischen Daumen und Zeigefinger abgeklemmt und schnell in die nächste Flasche geschoben, das Bier fließt selbstständig weiter. Möglichst schaumfrei arbeiten, daher muss der Schlauch immer bis zum Boden in der Flasche eingeführt werden.

21. Flaschen verschließen und nach einem Tag, nach weiteren zwei Tagen und nochmals nach drei Tagen jede Flasche kurz öffnen, um Druck abzulassen.

22. Etwa vier Wochen nach dem Abfüllen ist das Bier trinkreif.

Stoffe zur Bierherstellung

Das Malz

Bedeutung des Mälzens

Dass Malz einer der wichtigsten Ausgangsstoffe beim Bierbrauen ist, dürfte weitgehend bekannt sein. Darüber, was Malz nun genau ist, herrscht dagegen verbreitet Unklarheit.

Überwiegend wird Malz aus Gerste gewonnen, aber auch Weizen wird gemälzt. Weizenbier, Weißbier oder Berliner Weiße werden unter Verwendung von Weizenmalz gebraut. Auch alle anderen Getreidearten könnten theoretisch gemälzt werden. Versuche haben aber ergeben, dass aus den verschiedensten Gründen andere Getreidearten keine zufrieden stellenden Malze ergeben. Allenfalls Roggenbier hat als Exot einen kleinen Markt gefunden. Das Malz aus Gerste ist daher der wichtigste Ausgangsstoff.

Unbearbeitete Gerste, Gerste im Rohzustand, wäre für die Herstellung alkoholischer Getränke nicht geeignet, weil die Hefe Alkohol nur aus Zucker bilden kann. Die Gerste enthält aber nur geringste Mengen an Zucker, dagegen einen sehr hohen Anteil an **Stärke**. Die Stärke ist, chemisch gesehen, nichts anderes als ein Gebilde aus vielen Zuckerteilchen, genau gesagt aus Molekülen einer Zuckerart, der Glukose. Ein Stärkemolekül kann bis zu 2000 Glukose-Moleküle enthalten.

Die im Gerstenkorn enthaltene Stärke stellt die Nahrungsmittelreserve für den Keimling dar. Aber auch die Pflanze kann Stärke nicht direkt verwerten; mit Hilfe von Enzymen wird die Stärke im Samenkorn zuerst in Zucker verwandelt. **Enzyme** sind eiweißartige Stoffe, die chemische Reaktionen bewirken, ohne selbst in die bei diesen Reaktionen entstehenden Stoffe einzugehen. Bei der Keimung werden solche Enzyme gebildet, um durch die Umwandlung von Stärke in Zucker die Nahrungsversorgung des Keimlings sicherzustellen.

Beim Mälzen wird dieser Vorgang der Enzymbildung nachvollzogen, indem man das Getreide zum Keimen bringt. Wenn sich genügend Enzyme gebildet haben, wird der Entwicklungsprozess der Gerstenkeimlinge durch Erwärmung und Trocknung abgebrochen, wobei je nach Verfahren das Malz mehr oder weniger gebräunt wird. Diese Trocknung muss so vorsichtig geschehen, dass die Enzyme dabei erhalten bleiben. Wie wir noch sehen werden, müssen die beim Mälzen entstandenen Enzyme später beim Maischen die Umwandlung der Stärke in Zucker weiterführen.

Die Enzyme zum Abbau der Stärke – Amylasen genannt, weil sie die Amylose (= Stärke) abbauen – haben zwar rein mengenmäßig die Hauptarbeit zu verrichten, aber daneben werden beim Mälzen noch andere Enzyme gebildet,

- Proteasen zum Abbau der Proteine (= Eiweißstoffe)
- Cytasen zur Auflösung der Zellwände (Cytos = Zelle)

seien besonders erwähnt. Auch diese werden beim Maischen wieder aktiviert werden müssen.

Der Vorgang des Mälzens

In der Mälzerei wird das Getreide zunächst gereinigt, Staub, Fremdteile und unvollständige Körner werden ausgesondert. Nun beginnt das eigentliche Mälzen, das Getreide wird zum Keimen gebracht. Ein Gerstenkorn benötigt zum Keimen Wasser, wie alle Pflanzen. Die Körner müssen daher zunächst gut eingeweicht werden. In der traditionellen Arbeitsweise wurde die Gerste einfach in Wasserbecken geschüttet. Dabei war es auch wichtig, dass die Wasseroberfläche möglichst groß war, um auch eine gute Belüftung sicherzustellen. Heute sind die Weichen komplizierte Geräte mit Belüftungseinrichtungen nach verschiedenen Systemen.

Das **Einweichen** dauert, je nach Beschaffenheit der Gerste und nach angestrebtem Malztyp, drei bis vier Tage. Die Gerste hat dann soviel Wasser aufgenommen, dass sie rund 45 % Wasser enthält. Nun müssen Bedingungen geschaffen werden, die die **Keimung** besonders fördern, also etwa jene Bedingungen, die Gerste in einem Getreidefeld im zeitigen Frühjahr vorfindet: Es muss feucht (95 % relative Luftfeuchte), kühl (10–12 °C) und dunkel sein. Solche Bedingungen herrschen in den „Tennen“, in denen nach traditioneller Arbeitsweise die Keimung durchgeführt wird – Tennen wurden zumeist unterirdisch angelegt, um die genannten Bedingungen bestmöglich halten zu können. Tennen sind rund 3 m hohe Räume, die mit Steinplatten – als besonders gut geeignet gelten Solnhofener Platten – ausgelegt sind. Die eingeweichte Gerste wird auf dem Plattenboden zu Haufen aufgeschüttet.

Die Gerste bleibt gut eine Woche auf der Tenne, dabei wird die Temperatur im Innern der Haufen laufend kontrolliert. Bei der Keimung wird nämlich Wärme frei; sich selbst überlassen würde sich der Haufen zu stark erwärmen. Der Haufen wird daher mehrmals täglich gewendet und in der Dicke so verändert, dass sich der gewünschte Temperaturverlauf ergibt.

Die Tennenmälzerei erfordert sehr viel Erfahrung, der Platzbedarf ist hoch und die Mälzerei muss wegen der Erwärmung den ganzen Sommer über eingestellt werden, oder es sind teure Kühlverfahren notwendig. Heute wird daher die Tennenmälzerei kaum mehr praktiziert, statt dessen wird bei der „Pneumatischen Mälzerei“ entsprechend angefeuchtete und temperierte Luft durch mit der geweichten Gerste gefüllte drehbare Trommeln oder feste Behälter (so genannte Saladin-Kästen) gedrückt.

Bei beiden gebräuchlichen Keimverfahren wachsen nun an den Gerstenkörnern Keimblätter und Wurzeln, dabei werden die Enzyme gebildet, die die Verwandlung von Stärke in Zucker bewirken. Je nachdem, wie weit der Prozess der Umwandlung abläuft, spricht man von mehr oder weniger gelösten Malzen. Für helle Biere werden weniger gelöste Malze verwendet, bei dunklen Malzen muss die Lösung weiter fortgeschritten sein, zum einen, weil die Bräunung vom vorhandenen Zucker abhängig ist, zum anderen, weil dunkles Malz bei hohen Temperaturen gebräunt wird und dadurch ein Gutteil der Enzyme wieder zerstört wird. Den jeweils richtigen Grad der Lösung zu erreichen, ist äußerst wichtig für den späteren Fortgang des Brauens, überlöste oder unterlöste Malze bereiten später beim Sud und bei der Gärung erhebliche Schwierigkeiten.

Das **Grünmalz**, wie das Zwischenprodukt nach der Keimphase genannt wird, wird nun gedarrt. Dabei wird das Grünmalz zunächst bei niedrigen Temperaturen und starkem Luftdurchsatz getrocknet. Bei diesem „Schwelken“ wird dem Grünmalz das Wasser bis zu einem Wassergehalt von 12 % entzogen. Danach folgt das eigentliche Trocknen, beim dunklen Malz dann das Rösten. In dieser Phase sterben die Keime ab, die Enzyme jedoch bleiben, wenn auch nur zu einem Teil, erhalten und werden später beim Maischen wieder in Aktion treten.

Charakteristisch für das äußere Bild einer Mälzerei war jahrzehntelang ein turmartiges Gebäude, der **Darrturm**.

Dieser enthält die Mehrhordendarre, bei der der Schwelkprozess auf der oberen, kühleren Horde, der Darrprozess auf der unteren, wärmeren Horde abläuft, das Malz also nach der Hälfte des Vorganges von einer Darre zur anderen umgeschichtet wird. Es wurden Zwei-, sogar auch Dreihordendarren gebaut. Der gesamte Vorgang dauert bei hellem Malz im Allgemeinen 24 Stunden, bei dunklem 48 Stunden, es sind aber auch Verfahren mit anderen Darrzeiten üblich.

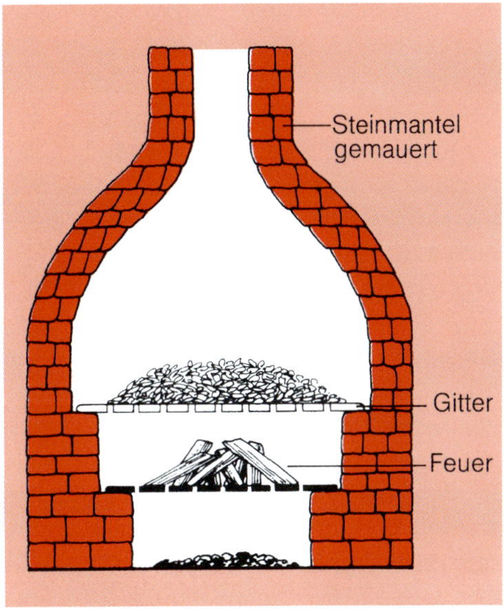

So etwa dürfte die Urform der Darre aussehen: Die heißen Rauchgase durchstreichen das Malz und sorgen für den Wasserentzug. Bei dieser Methode können Krebs erregende Stoffe entstehen.

Heute kommt man wieder fast ganz auf die ursprünglich verwendete Einhordendarre zurück, bei der der gesamte Schwelk- und Darrprozess auf einer Horde und ohne Umschichtung vonstatten geht. Die Temperaturen lassen sich bei diesen Systemen weit besser steuern und den jeweiligen Bedürfnissen anpassen. Ein Darrvorgang dauert für alle Malzarten rund 20 Stunden.

Ursprünglich wurden Darren „direkt beheizt“, das Malz wurde über offenem Feuer geröstet, der Feuerrauch strich durch das Malz. Spezialbiere wie das Bamberger Rauchbier oder das Grätzer Bier verdanken ihren ausgeprägten Rauchgeschmack diesem Darrverfahren.

Vor einigen Jahren haben Pressemeldungen sowohl Biertrinker wie Brauereien aufgeschreckt, nach denen im Bier Krebs erregende Stoffe enthalten sind. Diese Stoffe, Nitrosamine genannt, entstehen bei den direkt beheizten Darrsystemen. Durch Veränderung der Brennstoffzusammensetzung und der Brenntemperaturen konnte die Bildung von Nitrosaminen mittlerweile vermindert werden.

Heute werden auch überwiegend „indirekt beheizte“ Darren verwendet, die Abgase der Feuerung werden durch ein Rohrsystem geleitet und erhitzen so die Luft, die mit Ventilatoren durch die Darrhorden (die Auflagen für das Malz) gesaugt wird.

Nach dem Darren müssen die Keime und Wurzeln, die jetzt völlig vertrocknet sind, mit speziellen Maschinen entfernt werden. Das Malz ist nach einer weiteren **Lagerzeit** von mindestens sechs Wochen braufertig. Das Malz muss so aufbewahrt werden, dass es vor Feuchtigkeit und Luftzutritt geschützt ist. Selbstverständlich muss unbedingt verhindert werden, dass Ungeziefer das wertvolle Material schädigen kann. Am besten belässt man das Malz in den Kunststoffsäcken, in denen es (zumeist) geliefert wird, auch Mehltüten sind ganz gut geeignet. Der Lagerraum sollte etwa Zimmertemperatur haben und trocken sein.

Brauereien versuchen, wechselnde Malzqualitäten dadurch auszugleichen, dass immer verschiedene Malze zusammen versotten werden. Auch der Hobbybrauer kann, wenn es vom Umfang der Brautätigkeit her möglich ist, zu diesem Kunstkniff greifen und Malze verschiedener Hersteller vermischen. So werden Schwierigkeiten verhindert oder doch gemindert, die entstehen können, wenn eine Mälzerei plötzlich die Gerstensorte wechselt oder das Mälzverfahren ändert.

Selber mälzen?

Sie sehen, die Malzherstellung ist ein Vorgang, der viel Erfahrung und auch, besonders beim Darren, besondere technische Anlagen erfordert. Daher beziehen heute selbst viele Brauereien ihr Malz von den Mälzereien, während früher die meisten Brauereien noch selbst mälzten. Auch der Hobbybrauer wird im Normalfall fertiges Malz kaufen.

Vielleicht will aber doch der eine oder andere Leser auch einmal Bier gewissermaßen von Grund auf selber machen, also auch selber mälzen. Womöglich kann jemand sogar selbst erzeugte Gerste verarbeiten. Daher finden Sie in diesem Buch auch eine Anleitung hierzu; wer lieber Kaufmalz verwendet, kann die nächsten Seiten überblättern.

Auswahl der Gerste. Als Braugerste sind in Deutschland bestimmte Gerstensorten zugelassen, die alle dem Typ der „lockerährigen zweizeiligen, nickenden Sommergerste“ zuzurechnen sind. Darunter fallen die älteren Sorten ‘Union’, ‘Bido’, ‘Wisa’ und die neueren Sorten ‘Carina’, ‘Villa’, ‘Oriol’. Zum Mälzen sollte Gerste verwendet werden, die nach der Ernte wenigstens 6 bis 8 Wochen gelagert wurde.

Dosierung der Gerste. Wie viel Gerste auf einmal gemälzt wird, richtet sich natürlich zum einen nach dem Umfang der Brautätigkeit, zum anderen aber ganz besonders nach den vorhandenen Einrichtungen. Lassen Sie sich nicht täuschen: Die Gerste nimmt nach dem Keimen erheblich mehr Raum ein, weil die Keime als „Abstandhalter“ zwischen den Körnern fungieren. 4 kg Gerste gibt bereits soviel Grünmalz, dass ein Backofen gerade noch ausreicht, diese Menge zu fassen. Da sich ein Mälzungschwund von 20 bis 25 % einstellen wird, kann andererseits davon ausgegangen werden, dass diese 4 kg gut 3 kg Malz ergeben werden – also die Menge, die für 15 l Vollbier nötig ist.

Reinigen der Gerste. Getreide ist nach dem Dreschen mehr oder weniger stark verunreinigt, Staub, Unkrautsamen, ja Eisenteile und Steine finden sich in der Gerste. In der gewerblichen Mälzerei werden recht wirksame Maschinen zur Reinigung der Gerste eingesetzt; der Hobbymälzer hingegen kann folgendermaßen improvisieren:

- Bei starkem Wind lässt man die Gerste von einem Eimer in den anderen rieseln, der Wind bläst Spreu und Staub davon.
- Grobe Verunreinigungen wie Eisen, Steine usw. werden von Hand ausgelesen.

Gar zu genau muss das Reinigen aber nicht erfolgen, weil beim Weichen das Getreide ebenfalls gewaschen wird.

Einweichen. Die Gerste wird in einer möglichst flachen Schale eingeweicht, so dass die Oberfläche groß ist und genügend Sauerstoff aufgenommen werden kann. Als günstigste Wassertemperatur gelten 8 bis 10 °C. Zunächst wird in der eineinhalbfachen Wassermenge eingeweicht, 4 kg Gerste also in 6 l Wasser. Leichte Verunreinigungen schwimmen auf der Wasseroberfläche und können mit einem engmaschigen Sieb abgeschöpft werden. Nach einigen Stunden wird das Wasser erneuert, der schwerere Schmutz wird mit dem Wasser abgegossen. Danach wird das Wasser täglich erneuert. Zur Herstellung von hellem Malz wird 65 bis 75 Stunden, für dunkles Malz 90 bis 110 Stunden eingeweicht. Weizenmalz gewinnt man schon nach 2-tägiger Weiche.

Keimung. Nach dem Weichen lässt man die Gerste in Sieben abtropfen.

Die abgetropfte Gerste wird in einem abgedeckten Behälter (Kunststoffwanne) bei einer Temperatur von rund 12 °C gelagert. Zu Beginn wird die Gerste zu einem bis 40 cm hohen Haufen aufgeschüttet. An den folgenden Tagen wird der Haufen öfters umgeschaufelt. Das Schaubild rechts zeigt in senkrechten Balken den jeweiligen Zeitpunkt für das Umschaufeln. In den Gerstenhaufen wird ein Thermometer gesteckt und die gemessene Temperatur mit der Kurve laut Schaubild verglichen. Der Haufen erwärmt sich beim Keimen umso mehr, je höher er aufgeschüttet ist. Andererseits kühlt er sich ab, wenn die Gerste weiter auseinander gezogen wird. So lässt sich die Hau-

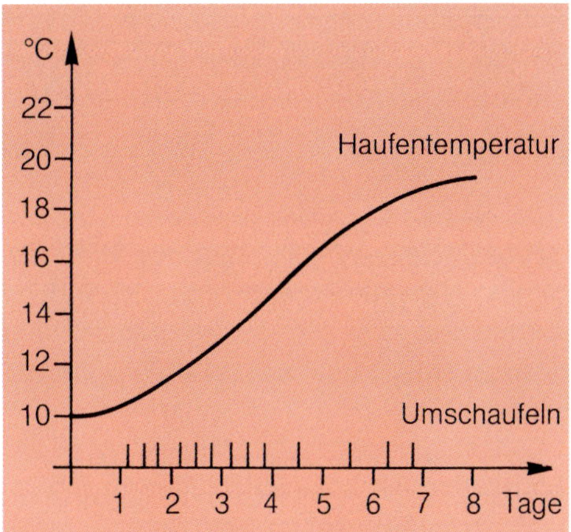

Schaubild Keimtemperatur: Die Haufentemperatur muss der Kurve entsprechend gesteuert werden durch Anhäufeln und Auseinanderziehen. Die Aufeinanderfolge der senkrechten Balken deutet die Häufigkeit des Umschaufelns an.

fentemperatur steuern, indem beim Umschaufeln der Haufen höher oder flacher aufgeschüttet wird. Bei den kleinen Mengen, die der Hobbybrauer mälzen wird, ist es möglicherweise sinnvoll, zur Temperaturerhöhung noch eine Wolldecke über den Keimbehälter zu legen – nur darf die Temperatur nicht zu sehr ansteigen, also laufend kontrollieren! Wenn der Haufen zu sehr austrocknet, kann Wasser mit der Sprühflasche darüber versprüht werden.

Die Keimung ist abgeschlossen, wenn die Blattkeime bei Dunkelmalz fast die Kornlänge erreichen, bei hellem Malz nur ½ bis ⅔ der Kornlänge. Beim Umschaufeln auch darauf achten, dass sich die Keime gleichmäßig entwickeln. Schwach entwickelte Partien kommen in den mittleren, wärmeren Teil des Haufens, so werden Ungleichmäßigkeiten ausgeglichen.

Darren. Das Darren (Trocknen und Rösten) des durch die Keimung entstandenen Grünmalzes ist die eigentliche Schwierigkeit bei der Eigen-Herstellung von Malz. Die technisch ausgeklügelten Darren, die in Großmälzereien verwendet werden, können im Haushalt nur unvollständig nachgeahmt werden. Die Schaubilder auf der Seite 29 zeigen, welche Temperaturen für helles oder dunkles Malz optimal sind. Außerdem ist angegeben, inwieweit ein Ventilator für einen genügenden Luftdurchsatz und damit für den Entzug der Feuchtigkeit sorgen muss, was besonders bei hellem Malz unabdingbar ist. Mit keinem der nachfolgend beschriebenen Geräte werden sich diese optimalen Bedingungen vollständig einhalten lassen, vielmehr kann man nur versuchen, ihnen so nahe wie möglich zu kommen.

Am besten geeignet sind Geräte zum Dörren von Früchten, usw., sofern diese Geräte einen Ventilator und eine Temperaturregelung besitzen, Dörrapparate ohne Temperaturregelung sind gänzlich ungeeignet. Geeignete Geräte kosten gut 50 €. Bei diesen Geräten wird der Temperaturregler nach der Schaubild-Angabe „Zuluft unter der Horde“ eingestellt, zur Kontrolle sollte ein Thermometer in das Malz gesteckt und die abgelesenen Werte mit der Schaubild-Angabe „Malztemperatur“ verglichen werden.

Mit einem elektrischen Heizlüfter kann auch ganz gut improvisiert werden, es sollte aber ein Gerät sein, bei dem Ventilator und Heizleistung gesondert regelbar sind. Die Kontrolle des Darrprozesses erfolgt möglichst durch drei Thermometer: unter der Horde, im Malz und über dem Malz. Helles Malz lässt sich so ganz gut herstellen, nicht alle Heizlüfter erreichen aber genügend hohe Temperaturen, um dunkles Malz herzustellen. In diesem Fall kann das Rösten (Bereich ab 100 °C) auch im Backofen erfolgen, die Ofentür muss einen Spalt weit offen bleiben; dazu einen Holzkochlöffel als Abstandhalter zwischen Tür und Backofenmantel klemmen. Aber Vorsicht: Die Backofenthermostate arbeiten im Bereich bis 150 °C sehr unzuverlässig, verlassen Sie sich lieber auf ein geeignetes Thermometer, also ein Einmachthermometer – Kunststoffteile aber vorher entfernen.

Wichtig: Die in den Schaubildern angegebenen Temperaturen müssen übrigens möglichst exakt eingehalten werden, schon Abweichungen um wenige Grad können die Malzbeschaffenheit soweit verändern, dass sich dies deutlich auf das daraus gewonnene Bier auswirkt.

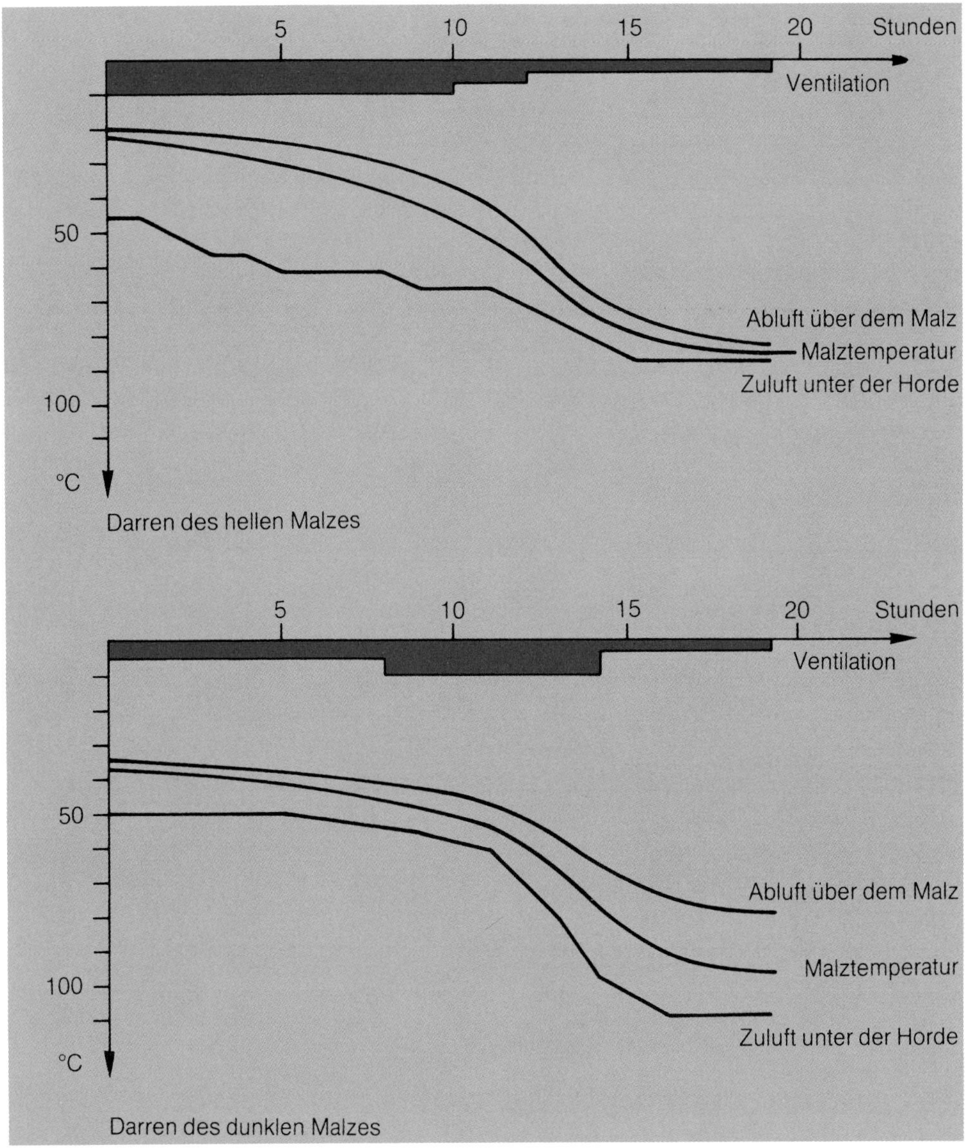

Schaubild Darren: Die Dicke der waagrechten Balken gibt an, wie stark der Ventilator für guten Luftdurchsatz sorgen muss. Die Zuluft-, Malz- und Ablufttemperaturen sollten gesondert gemessen werden. Der Darrofen, wie immer er gebaut sein sollte, wird so reguliert, dass die Malztemperatur mit dem Schaubild übereinstimmt. Je nach Bauart der Darre können Zuluft- (gemessen unter dem Malz) und Ablufttemperatur (gemessen über dem Malz) von den Werten des Schaubildes abweichen.

Die Einhaltung der richtigen Darrtemperatur ist in der Praxis schwieriger, als es zunächst aussieht, also den Schaltknopf ganz vorsichtig anfassen!

Früher wurde das Malz beim Darren laufend gewendet. Heute weiß man, dass dies gar nicht günstig ist, allenfalls in der letzten Phase, dem Rösten, sollte einige Male gewendet werden.

Keime entfernen. Noch vor dem Abkühlen des Malzes müssen die Keime vom Malzkorn entfernt werden. Mälzereien verwenden hierzu Entkeimungsmaschinen, der Hobbymälzer wird das Malz in einem nicht zu feinmaschigen Sieb (so, dass die Keime durchfallen, das Malz dagegen nicht) kräftig schütteln.

Es empfiehlt sich, mehrere Siebe auszuprobieren, bis das günstigste herausgefunden ist. Möglicherweise bringt auch eine Kombination verschiedener Siebe eine Arbeitserleichterung. Das Entfernen der Keime verlangt einen recht großen Zeitaufwand.

Zum Ende dieses Kapitels möchte der Autor darauf hinweisen, dass es nach seinem gegenwärtigen Erkenntnisstand nicht zu empfehlen ist, das Malz selbst herzustellen. Besonders das Darren macht größte Schwierigkeiten. Möglicherweise wird ein Leser zündende Ideen zu diesem Problembereich haben – vielleicht kann dann doch eine brauchbare Methode zum Hobbymälzen entwickelt werden.

Bis dahin kann es allenfalls angebracht sein, selbst erzeugtes Getreide zu mälzen.

Der Hopfen

Der Hopfen war schon im Altertum als Bierzusatz bekannt, geriet dann aber offenbar in Vergessenheit und wurde erst im Mittelalter wieder zur Bierherstellung verwendet. Der Hopfen erfüllt im Bier verschiedene Zwecke:

- Hopfen entfernt Eiweiß aus der Würze und dient so der Bierklärung.
- Hopfen verbessert die Schaumbildung.
- Hopfen verleiht dem Bier die angenehme Bittere.
- Hopfen macht Bier haltbar.

Der Hopfen wächst in Deutschland nur in begünstigtem Klima; die Hallertau bei Ingolstadt sowie die Gegend um Tettnang sind bekannte deutsche Hopfengebiete. Es gibt auch viele ausländische Hopfenanbaugebiete, das tschechische Saaz ist eines der bekanntesten.

Der Hopfen wird nach der Herkunft eingeteilt, man spricht von „Saazer Hopfen", „Hallertauer Hopfen" usw. Die verschiedenen **Hopfensorten** unterscheiden sich zum Teil beträchtlich in ihrer Intensität, was bei der Dosierung des Hopfens beachtet werden muss – mehr davon erfahren Sie auf Seite 67 und Seite 93.

Hobbybrauer können in Deutschland verschiedene Hopfensorten erhalten, Hallertauer und Saazer Hopfen sind bei den meisten Händlern im Angebot.

Tipp: Es empfiehlt sich, Hopfen in der Form der Pellets zu kaufen, das ist gepresstes Hopfenpulver; jedoch kann auch Hopfen in anderer Form (als ganze Blüten oder Extrakt) verwendet werden.

Hopfen in jeder Form ist äußerst lagerempfindlich; er sollte kühl und trocken (0 °C)

Im Frühjahr werden die Hopfenpflanzen bis auf 2 bis 5 Triebe zurückgeschnitten, die Triebe winden sich (linke Zeichnung) an den Unterstützungspfählen oder -drähten nach oben. Geiztriebe, das sind Triebe aus den Blattachseln, werden entfernt. Der falsche Mehltau ist ein Hopfenschädling – dagegen hilft eine Spritzung mit Kupferpräparaten. Rechts oben und in der Mitte sind männliche und weibliche Hopfenblüten abgebildet, rechts unten die pflückreifen weiblichen Blütenstände.

aufbewahrt werden, anderenfalls verliert er nicht nur viel von seiner Kraft, er kann sogar verderben. Er riecht dann deutlich nach Schweißfüßen. Bewährt hat sich die Aufbewahrung im Kühlschrank in Gläsern mit Schraubverschluss oder Twist-off-Verschluss.

Besonders einfach in der Anwendung ist **Hopfenextrakt**. Dieser enthält die Wirkstoffe des Hopfens in konzentrierter Form. Hopfenextrakt ist lange haltbar und gezielt zu dosieren. Die Verwendung ist aber (abweichend von vielen Heimbrauer-Anleitungen) ab dem Ende des Würzekochens, also im fertigen Bier, nicht mehr erlaubt.

Eigener Hopfenanbau. Falls Sie einen Versuch wagen wollen mit eigenem Hopfenanbau: Hopfen *(Humulus)* wird vermehrt durch Fechser, das sind Wurzelabschnitte oder Ableger, die Sie von einem Hopfenanbauer besorgen können. Als Standort muss eine windgeschützte Stelle gewählt werden, als Unterstützung ist eine wenigstens 6 m hohe Stange notwendig, an der sich die Pflanze empor windet.

Der Hopfen bildet männliche Pflanzen aus; für die Bierherstellung sind jedoch ausschließlich die weiblichen Pflanzen von Bedeutung, da die Blüten nur im unbefruchteten Zustand verwendet werden sollten. Deshalb müssen männliche Pflanzen sofort vernichtet werden – in Hopfengärten soll es nach einer Hopfenbauern-Weisheit zugehen wie in einem Nonnenkloster. Hopfenpflanzen tragen erst im dritten, allenfalls im zweiten Jahr nach der Pflanzung, dafür jedoch ist eine Hopfenkultur bis zu zwanzig Jahre ertragsfähig.

Wichtig für einen sicheren Ertrag ist, dass die Pflanzen durch einen kräftigen Rückschnitt ausgedünnt werden. Die abgeschnittenen Pflanzenteile können übrigens als Gemüse verwendet werden!

Zur Ernte (August bis September) werden die ganzen Pflanzen über dem Erdboden abgeschnitten, so lassen sich die Dolden leicht abernten. Dabei soll ein Stiel von 0,5 bis 1 cm an den Dolden bleiben. Die Wurzeln verbleiben im Erdboden und treiben im nächsten Frühjahr neu aus.

Üblicherweise wird der Hopfen nun möglichst vollständig getrocknet. Dies erfordert jedoch sehr viel Sorgfalt; dem Hobbybrauer sei empfohlen, die Blüten am besten tief gefroren aufzubewahren und je nach Bedarf aus der Truhe zu nehmen. Tief gefroren lassen sich die Blütendolden dann leicht zerstoßen.

Wer Standorte von wildem Hopfen kennt, kann auch einen Versuch damit wagen. Aber Vorsicht: Wilder Hopfen entwickelt einen sehr strengen Geschmack, daher sollte man zunächst Brauversuche mit kleinen Mengen machen! Oder verwenden Sie eine Mischung aus wildem Hopfen und Pellets. Damit können Sie sich von Sud zu Sud an das Geschmacksoptimum herantasten und das Brauergebnis optimieren.

Die Hefe

Die Umwandlung des Zuckers in Alkohol und Kohlendioxid – die alkoholische Gärung – wird ausgelöst und gesteuert durch Enzyme, die von Hefen produziert werden. Diese Hefen kommen sehr häufig in der Natur vor und werden auch vom Menschen vielfach zur Nahrungs- und Genussmittelherstellung verwendet, so etwa bei der Herstellung von

- Brot
- Wein
- Branntwein

An sich kann eine Bierwürze auch mit Backhefen oder Weinhefen vergoren werden, allerdings wird das Ergebnis einer solchen Vergärung mit fremden Hefen ein wesentlich anderes sein als bei Verwendung einer Bierhefe: Die Gärung wird einen anderen Verlauf nehmen, und es werden andere Nebenprodukte entstehen.

Möglicherweise wird sogar ganz ohne Hefezusatz eine Gärung in Gang kommen, ausgelöst durch „wilde Hefen", die aus der Luft in die Würze gelangen oder an den Geräten haften. Hier ist allerdings die Gefahr sehr groß, dass entweder eine Gärung überhaupt nicht beginnt oder die Gärung einen unerwünschten Verlauf nimmt. Gleichwohl gibt es im Ausland Bierspezialitäten, die „wild" vergoren werden, so etwa in Brüssel den „Lambic". Sinnvollerweise wird jedoch zur Vergärung von Bierwürze fast nur **Bierhefe** verwendet. Von dieser Bierhefe gibt es wiederum zwei verschiedene Grundtypen, die ober- und die untergärige Bierhefe.

Obergärige Hefen. Dies ist die Urform der Bierhefe. Hefen vermehren sich vorwiegend durch Zellteilung, das heißt, dass aus einer Hefezelle zwei neue gebildet werden, aus diesen dann wieder je zwei neue und so fort. Die obergärigen Hefen bleiben nach der Teilung noch im losen Verbund, sie hängen gewissermaßen noch an einem Zipfelchen zusammen. Ein solcher Hefeverbund bietet nun den aufsteigenden Kohlesäurebläschen so viel Widerstand, dass die Hefe mit an die Oberfläche getrieben wird und auf dem Schaum als schmutzig-brauner, schmieriger Belag liegt, daher der Name obergärig.

Obergärige Hefen erzeugen noch bei 15 bis 20 °C ein ordentliches Bier, die obergärige Brauweise erfordert somit wenig Kühleinrichtungen, es kann ohne großen technischen Aufwand das ganze Jahr über gebraut werden. Früher war das obergärige Brauen daher das allgemein übliche Verfahren.

Untergärige Hefen. Im Gegensatz zu den obergärigen Hefen entstehen hier bei der Zellteilung völlig selbstständige, nicht zusammenhängende neue Zellen, die einzeln

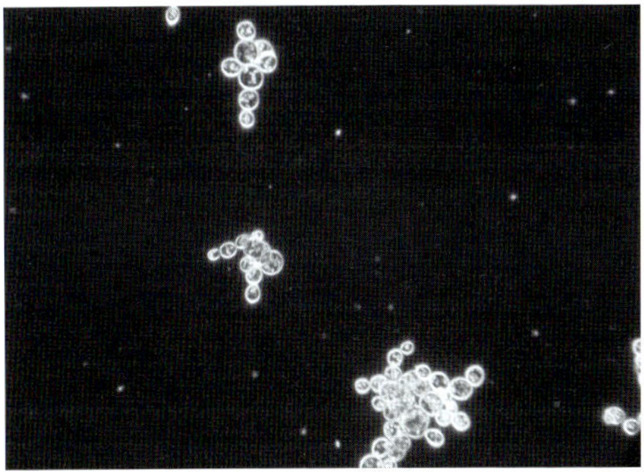

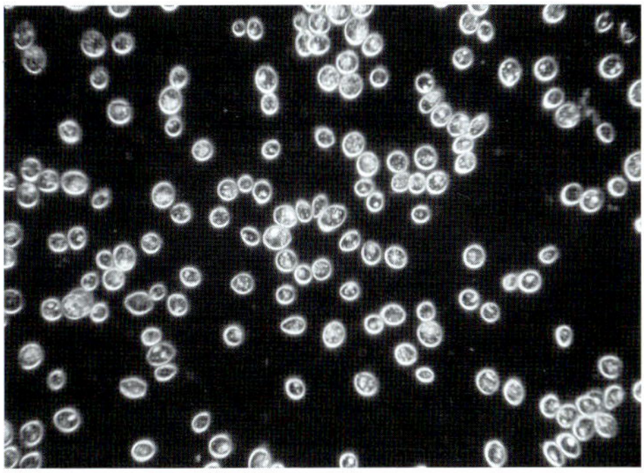

Mikroskopische Aufnahmen von Bierhefen: links obergärige Hefe (*Saccharomyces cerevisiae*), rechts untergärige Hefe (*Saccharomyces carlsbergensis*). Es ist deutlich zu erkennen, dass die obergärige Hefe wesentlich größere Zellverbände bildet.

nun den Kohlensäurebläschen keinen Angriffspunkt bieten und folglich nicht nach oben getragen werden, sondern auf den Grund des Gärgefäßes absinken – daher der Begriff untergärig.

Untergärige Hefen erfordern sehr niedrige Gärtemperaturen, bis nahe 0 °C während der Nachgärung. Früher konnten untergärige Biere daher nur im Winter gebraut werden, erst die Erfindung der Kühlmaschine machte es möglich, ganzjährig untergärig zu brauen.

Die niedrigen Gär- und Lagertemperaturen ermöglichen es, dass untergärige Biere sehr viel mehr Kohlensäure binden als obergärige und deshalb frischer schmecken. Die Lagerzeit bis zur Trinkreife dauert wegen der niedrigen Temperaturen erheblich länger und untergäriges Bier hält sich aus demselben Grund auch länger.

Während bis ins ausgehende Mittelalter ausschließlich obergärig gebraut wurde, ist heute aus den geschilderten Gründen die untergärige Brauweise die weit überwiegende – rund 84 % der in Deutschland gebrauten Biere entstammen dieser Familie.

Der Hobbybrauer wird sich die unterschiedlichen Eigenschaften der ober- und untergärigen Hefe so zu Nutze machen, dass er im Sommer mit Vorliebe obergärig brauen wird, um so auf Kühlgeräte verzichten zu können. Im Winter dagegen lässt sich auch leicht untergärig brauen; ein ordentlicher Keller wird die günstigen Bedingungen gewährleisten, gegebenenfalls wird sogar auf dem Balkon die richtige Temperatur vorzufinden sein. Die Zeit von Oktober bis März eignet sich im Allgemeinen besonders für das untergärige Brauen.

Im Sommer dagegen sollte lieber obergärig gebraut werden, zumal neuere, an das untergärige Brauen sich anlehnende Verfahren es heute ermöglichen, obergärige Biere in sehr guter Qualität zu brauen. Der Erfolg von Weizenbier, Alt und Kölsch beweisen dies überdeutlich.

Tipp: Für den Anfänger empfiehlt sich eher das obergärige Brauen, denn dieses Verfahren ist von Anfang (Sudprozess) bis Ende (Nachgärung) einfacher. Die kürzere Lagerzeit wird dem zugute kommen, der voller Sehnsucht darauf wartet, das eigene Gebräu verkosten zu können.

Beide Brauhefetypen werden in Hefereinzuchtanstalten unter Bedingungen gezüchtet, die es weitgehend ausschließen, dass sich fremde Kleinstlebewesen mit ausbreiten können und so die Zuchthefen verunreinigen. Für Hobbybrauer werden Brauhefen vorwiegend als **Trockenhefe** angeboten, die im Aussehen dem Pulverkaffee ähnelt und auch nach einem ähnlichen Verfahren hergestellt wird. Soweit Sie übrigens Bierhefe in für England bestimmten Packungen vorfinden: Untergärige Hefe ist mit „bottom fermenting“, obergärige mit „top fermenting“ bezeichnet. Trockenhefe kann recht lange aufbewahrt werden.

Am Brautag – vor dem Schroten – wird zuerst die Hefe in einer großen Tasse mit Zuckerwasser angerührt und bei Zimmertemperatur aufbewahrt. Anschließend wird öfters umgerührt, so kommt Sauerstoff in den Hefeansatz, der notwendig ist, um die Hefe zur Vermehrung zu bringen. Die Hefe vermehrt sich dann so stark, dass später, wenn der Ansatz zum Bier gegeben wird, die Gärung schnell in Gang kommt.

Obergärige Hefe kann man sich auch auf besonders preiswerte Art beschaffen: Der

Bodensatz beim Hefeweizenbier kann mit Zuckerwasser oder Bierwürze versetzt werden, dies ist dann der Anfang einer eigenen Hefezucht.

Ebenso kann Hefe, die sich als Bodensatz im Gärbehälter oder in der Flasche abgesetzt hat, bei späteren Brauvorgängen wieder verwendet werden. Nach einiger Zeit allerdings degeneriert Hefe und die Gärung nimmt nicht mehr den erwünschten Verlauf. Manchmal kommt es sogar vor, dass untergärige Hefen die Eigenschaft annehmen, wie obergärige nach oben zu steigen. Daraus wird unter anderem geschlossen, dass die obergärige Hefe die ursprüngliche ist.

Auch in anderer Hinsicht ändern Hefen ihr Verhalten im Laufe der Zeit: Eine Hefe, die das Absetzen der Trubteile nach der Gärung, das „Bruchbilden“ fördert, nennt man „Bruchhefe“ im Gegensatz zur „Staubhefe“, die sich nicht so sauber absetzt, stattdessen aber eine vollständigere Vergärung bewirkt. Das Charakterbild einer Hefe verschiebt sich bei langem Gebrauch hin zur Bruchhefe. Die Hefe setzt sich dann schon ab, bevor der Zucker vollständig vergoren ist. Zudem enthält eine Hefe bei längerem Gebrauch immer einen größeren Anteil an toten Hefezellen. Diese toten Zellen zersetzen sich und geben dem Bier einen unerwünschten Beigeschmack, außerdem können tote Hefezellen zum Träger von Bierschädlingen werden. Den beschriebenen Erscheinungen kann begegnet werden durch rechtzeitiges Verjüngen, durch Anregung zur Vermehrung der Hefe.

Dazu muss die Würze gut belüftet werden (Würze bei guter Luftberührung in den Gärbottich gießen), und nach Beginn der Gärung muss frische Würze aus einem nächsten Sud zugegeben werden.

Eine gute Möglichkeit zur Hefeverjüngung ist auch das „Drauflassen“. In der für Hobbybrauer praktikablen Form dieser Technik wird so vorgegangen, dass nur etwa zwei Drittel eines Sudes geschlaucht werden, ein Drittel bleibt im Gärbottich. Unmittelbar danach wird der nächste Sud in diesen, noch zu einem Drittel mit gärender Würze und abgesetzter Hefe gefüllten Gärbottich gegeben und zusammen vergoren. Natürlich kann dieses Verfahren nur dann angewendet werden, wenn in kurzer Folge gleiche Biere gebraut werden.

Tipp: Als Hobbybrauer sollten Sie in Sachen Hefe nicht zu knauserig sein und lieber frische Hefe verwenden. Grundsätzlich kann gesagt werden, dass obergärige Hefe sich eher zum mehrmaligen Gebrauch eignet, untergärige dagegen sollte öfter aufgefrischt werden.

Um Hefe für einen weiteren Sud zu gewinnen, wird nach dem Schlauchen die oberste Hefeschicht vorsichtig beiseite geschoben, dann die Hefe so abgeschöpft, dass die unterste Schicht der Hefe nicht mit erfasst wird. So wird nur die mittlere Schicht, die Kernhefe, für weitere Sude verwendet.

So gewonnene Hefe sollte baldmöglichst wieder verwendet werden, wenn dies nicht möglich ist, so wird die Hefe bis zum nächsten Sud in einem Glas mit Twist-off-Verschluss bei niedriger Temperatur aufbewahrt. 0 °C wären ideal, aber auch Kühlschranktemperatur genügt für eine kurze Aufbewahrungszeit.

Das Brauwasser

Die Wasserhärte

Das Brauwasser spielt bei der Bierherstellung traditionell eine ganz entscheidende Rolle – die klassischen Biertypen des deutschen Raumes, Pilsner, Wiener, Münchner und Dortmunder, sind nicht denkbar ohne die jeweiligen Wasser. Wer erfolgreich Bier brauen will, sollte in jedem Fall beim Wasserwerk bzw. der Gemeindeverwaltung erfragen, welche Wasserhärte das örtliche Leitungswasser hat.

Gemessen wird die Wasserhärte in °dH – „Grad deutscher Härte". Dabei bedeutet:

- 0–5 °dH sehr weich
- 5–9 °dH weich
- 9–13 °dH mittelhart
- 13–19 °dH ziemlich hart
- 19–30 °dH hart
- über 30 °dH sehr hart

„Hartes" Wasser entsteht, wenn sich das ursprünglich „weiche" Regenwasser bei seinem Weg durch die Erde anreichert mit Salzen, hauptsächlich Salzen von Kalzium und Magnesium. Bilden diese Metalle Salze mit der Kohlensäure (Karbonate), so entsteht die **Karbonathärte**. Salze dieser Metalle mit anderen Säuren (Schwefelsäure, Salzsäure) ergeben die Nichtkarbonathärte, beide zusammen die **Gesamthärte**. Die obige Tabelle bezieht sich auf die Gesamthärte. Für die Bierbrauerei ist die Nichtkarbonathärte nicht so wichtig, die Karbonathärte dagegen ist von größter Bedeutung – beim Wasserwerk müssen Sie also nicht nur nach der Gesamthärte fragen, sondern auch nach dem darin enthaltenen Anteil der Karbonathärte; die Differenz ist dann die Nichtkarbonathärte.

Die Zusammenhänge zwischen Wasserhärte und Bierqualität sind äußerst kompliziert, eine erschöpfende Darstellung würde den Rahmen dieses Buches und wohl auch die Chemiekenntnisse vieler Leser weit übersteigen.

Vereinfacht lässt sich aber sagen: Die (Karbonat-)Wasserhärte wirkt sich umso unangenehmer aus, je heller und je hopfenreicher ein Bier ist. Ein dunkles, wenig gehopftes Bier wie das klassische Münchner Bier kann daher mit dem Münchner Wasser (Karbonathärte über 14 °dH) ohne weiteres gebraut werden, ein Bier vom Pilsener Typ erfordert dagegen ein besonders weiches Wasser. Das Wasser in Pilsen weist auch nur eine Karbonathärte von nicht einmal 1,3 °dH auf – ein Hauptgrund für die Berühmtheit, die Pilsener Bier erlangt hat.

Da früher die Wasserhärte nur bedingt beeinflusst werden konnte, musste an jedem Brauort das Brauverfahren dann so gewählt werden, wie es dem örtlichen Brauwasservorkommen entsprach – der Biertyp war somit vorgegeben. Heute ist es technisch möglich, aus jedem vorkommenden Wasser praktisch jedes Brauwasser herzustellen. Und damit ist es auch möglich geworden, ein Pils auf der ganzen Welt, nicht nur in Pilsen, herzustellen.

Enthärten des Wassers

Auch Sie als Hobbybrauer müssen sich entscheiden, ob Sie das zu brauende Bier nach dem vorhandenen Wasser auswählen oder ob Sie das Wasser nach dem angestrebten Biertyp aufbereiten wollen. Es sei denn, Sie vermeiden eine Aufbereitung des Wassers dadurch, dass Sie sich Wasser aus einer

Nachbargemeinde besorgen. Allerdings wird sich innerhalb eines bestimmten Landstriches die Wasserqualität nur dann wesentlich unterscheiden, wenn etwa die eine Gemeinde im Gegensatz zur anderen an ein Fernwasserversorgungsnetz angeschlossen ist; in diesem Fall könnte von einem Straßenzug zum anderen völlig verschiedenes Wasser aus den Leitungen fließen.

Sie sollten zunächst einfach das örtlich vorhandene Wasser einmal unbehandelt verwenden. Wenn dann das Brauergebnis nicht befriedigt, so muss Schritt für Schritt nach einer Verbesserungsmöglichkeit gesucht werden.

Eine Verbesserungsmöglichkeit ist dann immer das Wasser. Bei weniger als 10 °dH wird der Hobbybrauer ein Wasser kaum aufbereiten, wenngleich gewerbliche Brauereien zur Herstellung von hellen, hoch gehopften Bieren des Pilsner Typs selbst solches Wasser noch enthärten. Härtere Wasser bedürfen dann einer Aufbereitung, wenn helle Biere mit mehr als 30 g Hopfen je 10 l hergestellt werden sollen und wenn der Anteil der Karbonathärte hoch ist. Für malzige, dunkle, schwach gehopfte Biere dagegen können auch sehr harte Wasser verwendet werden. Im Ausland wird eine fehlende Härte oft dadurch ausgeglichen, dass dem Wasser bestimmte Salze zugegeben werden. Je 10 l Wasser sind beispielsweise möglich:

- 1 TL $CaSO_4$ (Gips)
- ½ TL $MgSO_4$ (Bittersalz)

Beide Mittel sind in der Apotheke erhältlich. Üblicherweise wird der Hobbybrauer aber eher ein zu hartes Wasser vorfinden. Dann stehen die drei folgenden Methoden zur Verfügung. Ein Tipp, unabhängig von der Art der Enthärtung:

Tipp: Es ist günstig, das Wasser einige Tage vor dem Brauen zu enthärten und gewissermaßen noch „reifen“ zu lassen.

Enthärten durch Kochen. Wird Wasser gekocht, so fällt die Karbonathärte als Wasserstein aus – ein Vorgang, der in alten Wasserkesseln, Boilern, Waschmaschinen und Wasserrohren beobachtet werden kann. Dies ist sicher die einfachste Methode: Das Wasser wird gekocht und dabei öfters umgerührt. Die Kochdauer kann sehr unterschiedlich sein. Je nachdem können 15 Minuten genügen oder auch ein einstündiges Kochen erforderlich sein, ohne dass es eindeutige Merkmale für die erforderliche Kochzeit gibt. 30 Minuten werden in jedem Fall einen spürbaren Erfolg bringen. Nach dem Kochen muss abgewartet werden, bis sich der Kalk absetzt. Dann das Wasser von oben her mit dem Schlauch (wie auf Seite 77 beschrieben) abziehen, den Bodensatz wegschütten. Diese Methode ist sehr energieaufwändig, daher teuer und umweltschädlich.

Enthärten mit Kalk. Gelöschter Kalk, chemisch $Ca(OH)_2$, verbindet sich mit den in Wasser löslichen – und damit die Härte des Wassers ausmachenden – Salzen der Kohlensäure so, dass daraus in Wasser nur schwer lösliche Salze entstehen. Letztere setzen sich dann als Niederschlag ab. Das über dem Niederschlag stehende Wasser ist weitgehend von seiner Karbonathärte befreit.

Üblicherweise wird zur Kalkenthärtung ungelöschter Kalk verwendet, auch Ätzkalk oder gebrannter Kalk genannt. Chemisch handelt es sich um Kalziumoxid CaO, erhältlich in Apotheken.

Ungelöschter Kalk wird zumeist in Brocken von der Größe einer Daumenkuppe und einem Gewicht um 5 g gehandelt. Gibt man auf einen solchen Brocken einige Tropfen Wasser, so entsteht gelöschter Kalk, $Ca(OH)_2$. Die Brocken aus ungelöschtem Kalk zerfallen dabei zu einem weißen Pulver, dem gelöschten Kalk. Dabei wird Wärme freigesetzt; das Experiment muss daher auf einer wärmefesten Unterlage durchgeführt werden, zum Beispiel in einer Tasse aus dickem Porzellan. Dem pulverförmigen gelöschten Kalk wird weiter Wasser zugegeben und der so entstandene Brei dann in das Brauwasser eingemischt. Kräftiges Rühren fördert die Ausscheidung der Karbonathärte. Danach wird das Wasser einige Stunden in Ruhe gelassen, damit sich die unlöslichen Stoffe absetzen können. Die Dosierung der Kalkmenge ist sehr knifflig, weil einerseits die Wasserhärte weitgehend entfernt werden soll, andererseits aber unter allen Umständen vermieden werden muss, dass nach der Enthärtung noch gelöschter Kalk im Brauwasser gelöst ist, weil durch dieses Kalkwasser beträchtliche Schwierigkeiten bei der weiteren Bierherstellung entstehen.

In gewerblichen Brauereien wird die zuzusetzende Kalkmenge aus der Karbonathärte des Wassers und aus der zudem im Wasser vorhandenen Kohlensäure – die ebenfalls gebunden werden muss – genau berechnet. Diese Berechnung soll dem Hobbybrauer erspart bleiben, stattdessen seien hier Richtwerte genannt, nach denen gearbeitet werden kann.

Es kann natürlich anstatt des ungelöschten Kalkes – CaO – auch gelöschter Kalk – $Ca(OH)_2$ – verwendet werden. Dann muss rund ⅓ mehr zugesetzt werden; die Tabelle enthält beide Werte. Auch wenn man sich nach dieser Tabelle richtet, können Überschüsse an Kalkwasser entstehen. Nachdem sich die ungelösten Stoffe abgesetzt haben, muss daher überprüft werden, ob das Kalkwasser vollständig umgesetzt worden ist. Es gibt hierzu ein zwar nicht ganz exaktes, aber besonders einfaches Verfahren, den Lackmus-Test. Gelöschter Kalk wirkt in Wasser gelöst „basisch“, bildet also eine Lauge. Lackmus-Papier (in jeder Apotheke erhältlich) verändert seine Farbe je nach Charakter der Flüssigkeit, die darauf geträufelt wird: Eine Säure verfärbt das Papier rot, eine Lauge dagegen blau.*

Zur Enthärtung von 30 l Wasser (also der Menge, die zur Herstellung von 15 l Bier enthärtet werden muss) wird verwendet:

Karbonathärte ° dH	ungelöschter Kalk g	oder	gelöschter Kalk g
10	3		4
15	6		8
20	9		12
25	12		16
30	15		20

Nach der Kalkenthärtung sollte immer der **Lackmus-Test** gemacht werden: Ein Tropfen des entkalkten Wassers wird auf einen Streifen Lackmus-Papier gegeben. Blaufärbung beweist, dass das Wasser basisch reagiert, was darin seine Ursache haben kann, dass noch gelöschter Kalk im Wasser gelöst ist. Schon eine geringe Blaufärbung zeigt an, dass das Wasser zur Bierherstellung weiter aufbereitet werden muss, bis

* Über die Begriffe basisch, sauer und neutral ist Näheres auf Seite 106 nachzulesen.

das Kalkwasser vollständig verbraucht ist. Es wird so lange unbehandeltes Wasser unter ständigem Rühren zugegeben, bis die basische Reaktion, laufend mit Lackmus-Papier überprüft, aufhört.

Das klare, chemisch neutrale Wasser wird dann mit einem Schlauch abgezogen, es muss darauf geachtet werden, dass der Kalkschlamm nicht mit angesaugt wird. Die letzten Zentimeter werden im Topf belassen, aus diesem Grund müssen auch für 15 l Bier insgesamt 30 l Wasser enthärtet werden, damit immer noch die tatsächlich benötigten 25 bis 27 l übrig bleiben.

Der Satz wird zumeist weggeschüttet. Wenn aber in kurzer Folge wieder gebraut werden soll, so ist zu empfehlen, den Satz bei der nächsten Entkalkung nochmals zuzugeben, zusätzlich zum Kalk nach obiger Tabelle. Die Enthärtung, ganz besonders das Absetzen des Kalkschlammes, wird durch den Satz aus der vorherigen Enthärtung begünstigt.

Die Enthärtung des Wassers mit Kalk wird die für den Hobbybrauer geeignetste Methode sein, weil keine Energie verbraucht wird, die Dosierung vergleichsweise einfach und das Ergebnis leicht kontrollierbar ist.

Enthärten durch Ionenaustauscher. Diese Methode findet heute in der Getränkeindustrie vorwiegend Verwendung, an sich ist sie auch für Hobbybrauer unschwer anzuwenden. Der Brita-Wasserfilter (einschließlich Zubehör in Haushaltswaren-Geschäften erhältlich) arbeitet nach diesem Verfahren; im Hobbythekbuch 2 (nicht mehr im Buchhandel erhältlich, aber in Bibliotheken auszuleihen) ist der Selbstbau eines solchen Ionenaustauschers genau beschrieben.

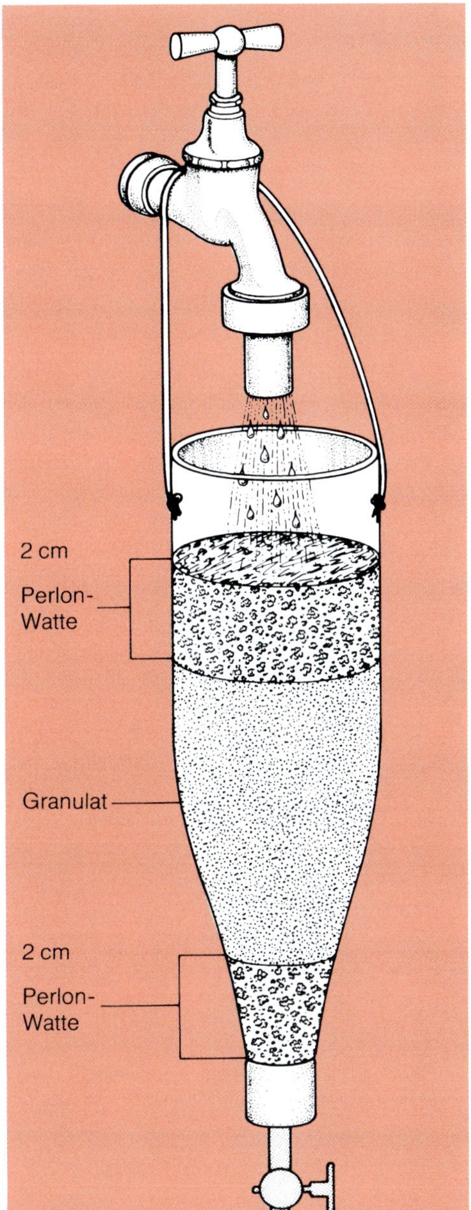

Wasserenthärter nach Hobbythek-Muster.

Die Verwendung eines Ionenaustauschers kann zu sehr schwierigen Säureverhältnissen beim enthärteten Wasser führen, unproblematischer in jeder Hinsicht ist die Kalkenthärtung, jedenfalls zur Beseitigung der Karbonathärte. Wird dagegen eine hohe Nichtkarbonathärte vorgefunden, so kann es ausnahmsweise auch empfehlenswert sein, diese zu vermindern. Es gilt als günstig, wenn die Nichtkarbonathärte rund das Dreifache der Karbonathärte beträgt. Die Nichtkarbonathärte lässt sich praktisch nur mit dem Ionenaustauscher regulieren. Für diese Fälle sei daher eine kurz gefasste **Bauanleitung für einen Ionenaustauscher** nach Hobbythek-Muster gegeben:

Von einer Kunststoffflasche für Mineralwasser wird der Boden abgeschnitten, die Flaschenmündung mit einem Gummistopfen mit Loch (8 mm Durchmesser) verschlossen. Am Loch wird ein Hähnchen angebracht (das Hähnchen wird z.B. von Arauner als „PE-Hähnchen" verkauft, auch Aquarienhandlungen führen ähnliche Typen). Direkt über den Gummistopfen kommt eine 2 cm dicke Schicht aus Perlonwatte, dann 1 l Granulat, zum Schluss wieder 2 cm Perlonwatte.

Das Ganze wird noch mit einem Draht versehen, damit man es unter einen Wasserhahn hängen kann. Das Granulat ist das Herz der ganzen Anlage, es besteht aus Kunstharz und hat die Eigenschaft, bestimmte Ionen (elektrisch geladene Teilchen) einer chemischen Verbindung gegen andere auszutauschen – dieser „Ionenaustausch" gibt dem ganzen Verfahren seinen Namen. Es gibt verschiedene Austauscher-Massen je nach den chemischen Verbindungen, die Ziel des Ionenaustausches sein sollen. Für die Herstellung eines Brauwassers sind besonders wichtig solche Massen, die die Metall-Ionen (Kalzium, Magnesium) der Wassersalze gegen Wasserstoffionen austauschen – die Salze der Karbonathärte werden so letztlich zu CO_2 und Wasser abgebaut.* Für diesen Zweck wird der Austauscher mit dem Granulat Lewatit CNPLF gefüllt, das besonders die Karbonathärte beseitigt. Das Granulat ist im Laborfachhandel erhältlich. Sodann sollte noch ein zweites, weitgehend identisches Gerät gebaut werden, als Granulat wird hier aber „Lewatit S 100" verwendet. Dieses wirkt ganz ähnlich, entfernt aber die Nichtkarbonathärte.

Wenn die beiden Austauscher erst einmal gebaut sind, geht die Arbeit ganz leicht: Der Karbonathärte-Austauscher wird unter einen Wasserhahn gehängt, Wasserhahn und Auslaufhahn werden soweit geöffnet, dass etwa 6 bis 8 l Wasser stündlich durchlaufen. So wird zunächst die Karbonathärte weitgehend beseitigt. Dann wird ein Teil des Wassers auch noch durch den Nichtkarbonathärte-Austauscher geschickt. Anzustrebendes Ziel ist, dass die Nichtkarbonathärte ungefähr das Dreifache der Karbonathärte beträgt. Gewiefte Rechner werden die besten Mengenverhältnisse annähernd ermitteln können, für die Praxis genügt als Faustregel: Wasser mit hoher Nichtkarbonathärte wird bis zu 75 % im Nichtkarbonathärte-Austauscher nachbehandelt, Wasser mit geringer Nichtkarbonathärte zu zwei Dritteln. Dann wird voll behandeltes und teilbehandeltes Wasser wieder zusammengemischt und nach einigen Tagen verwendet.

* Dies wird am Beispiel des Kalziumbikarbonats erläutert. Das Ca aus $Ca(HCO_3)_2$ lagert sich an der Austauschmasse an, die 2 H-Ionen abgibt:
$Ca(HCO_3)_2 + 2\,H^+ \rightarrow Ca^{2+} + 2\,CO_2 + 2\,H_2O$

Beim Enthärten des Wassers durch Ionenaustauscher ist es noch wichtiger als bei der Enthärtung mit Kalk, den Säurewert mit Lackmus-Papier zu überprüfen. Schon die geringste Blaufärbung, aber auch stärkere Rotfärbung lassen erkennen, dass das Wasser beim Brauen Schwierigkeiten machen könnte.

Bei basischer Reaktion (Blaufärbung) könnte das Wasser durch Zugabe von Säure neutralisiert werden. Im Ausland wird hierfür Schwefelsäure, Salzsäure oder Milchsäure verwendet. Das Reinheitsgebot widerspricht diesem Verfahren, aber der Hobbybrauer kann natürlich auch zu diesem Mittel greifen.* Milchsäure gebührt wegen der geringeren Gefährlichkeit der Vorzug. Milchsäure ist überall dort erhältlich, wo Hilfsmittel zur Weinbereitung verkauft werden. Die Dosierung wird am besten wieder mit Lackmus-Papier kontrolliert.

Nach der Herstellung von etwa 250 l Weichwasser ist die Austauschermasse verbraucht und muss regeneriert werden; beim Karbonathärte-Austauscher müssen die C-Ionen wieder durch Wasserstoffionen ersetzt werden. Hierzu lässt man 0,5 l Salzsäure (3 %ig) langsam (innerhalb 15 Minuten) durch den Filter laufen und spült mit 5 l Wasser nach.

Noch einfacher – aber schon nach 150 l – regeneriert man den Nichtkarbonathärte-Austauscher: In 1,5 l Wasser werden 150 g Kochsalz gelöst und langsam (innerhalb 30 Minuten) durch den Filter gegossen. Nachgespült wird mit 3 l kaltem Wasser.

* Die in der Schweiz und Österreich erlaubten Säurezusätze sind der im Anhang auszugsweise abgedruckten Lebensmittelverordnung bzw. dem Lebensmittelbuch zu entnehmen (siehe Seite 119 und Seite 120).

Beide Filter müssen so aufbewahrt werden, dass sie nicht austrocknen: mit Wasser füllen, Hahn schließen und stehend lagern.

Ersatzstoffe

Bedeutung der Ersatzstoffe

Wie die Beschreibung der Malzherstellung im Kapitel Malz unschwer erkennen lässt, ist die künstliche Umwandlung des Getreides in Malz ein sehr aufwändiger Vorgang, und die Kosten für Malz sind entsprechend hoch.

Die Mehrkosten des Malzes gegenüber dem Rohgetreide entstehen nicht nur durch den Einsatz von Kapital, Energie und Arbeit in der Mälzerei, sondern auch durch unvermeidliche Substanzverluste im keimenden Korn. Beim Mälzen wird Stärke für die Lebensvorgänge im Korn verbraucht und steht so für die „eigentliche“ Bierherstellung nicht mehr zur Verfügung. Dieser Schwand an Substanz (ohne den Wasserverlust, der ja durch Wasserzugabe beim Maischen ausgeglichen wird und somit keine wirtschaftliche Rolle spielt) beträgt rund 10 %. Verständlicherweise wird überall dort, wo es gesetzlich möglich ist, versucht, durch Verwendung von gemälzten Stoffen Schwand und Kosten beim Mälzen zu umgehen und das Malz durch Ersatzstoffe zu ersetzen.

Ersatzstoffe können das Malz natürlich nicht vollständig ersetzen; ein „Bier“ nur aus Ersatzstoffen würden wir kaum als solches erkennen. Stärkehaltige Ersatzstoffe brauchen zudem in jedem Fall die Enzyme, die im Malz enthalten sind.

Zucker

Zucker ist der einzige in Deutschland zugelassene Malzersatzstoff – allerdings nur für obergärige Biere (in den süddeutschen Ländern ist jeder Zusatz verboten).

Zucker kann theoretisch das Malz vollständig ersetzen, was den Alkoholgehalt des Bieres anbelangt – praktisch jedoch könnte ein solches Getränk keine Liebhaber finden. Ein Bier benötigt in jedem Fall auch jene Inhaltsstoffe, die nicht zu Alkohol vergoren werden und die (vom Hopfen abgesehen) mit dem Malz ins Bier gelangen. Wenn überhaupt Zucker verwendet werden soll, so muss der Zuckerzusatz auf eine geringe Menge begrenzt werden, auf 20%, höchstens 25%. Wenn der Hobbybrauer Zucker verwendet, wird es der normale Haushaltszucker sein, das ist Rohr- oder Rübenzucker, auch Saccharose genannt. Dieser Zucker ist selbst nicht gärend, sondern er wird unter dem Einfluss von Säuren oder durch ein Enzym, die Saccharase, in Traubenzucker (Glukose) und Fruchtzucker (Fruktose) gespalten, die dann gärfähig sind. Zweckmäßig wird der Zucker daher beim Maischen zugesetzt; die Aufspaltung läuft dann mit dem Maischeprozess zusammen ab.

Es kann auch so genannter Invertzucker verwendet werden, das ist ein bereits in Glukose und Fruktose überführter Zucker, oder reiner Traubenzucker (Glukose). Dann kann der Zuckersatz auch noch beim Hopfenkochen erfolgen.

Mais

Sehr häufig wird im Ausland Mais zur Bierherstellung verwendet – in den USA bis nahezu 50%. Mais kann verwendet werden als Mehl oder Grieß, muss dann aber besonders behandelt werden (siehe Seite 57), Maisflocken dagegen können mit den üblichen Maischverfahren verarbeitet werden. Flocken sind allerdings in Deutschland so teuer, dass ebenso mit Malz gearbeitet werden kann.

Die Maismenge sollte einen Anteil von 25% an der Gesamtschüttung nicht überschreiten, weil sonst die Enzyme des Malzes nicht mehr ausreichen, um die Rohfrucht mit zu verzuckern (amerikanische Malze sind enzymreicher, daher kann mehr Mais verwendet werden).

Reis

Reis kann als Mehl oder als Bruchreis zugesetzt werden, im Übrigen gilt, was oben bei Mais gesagt wurde. Die Verarbeitung muss nach der Methode auf Seite 57 erfolgen. Reisflocken sind bislang in Deutschland nicht erhältlich.

Hafer

Früher wurden in Deutschland häufig Haferbiere hergestellt. Ein Zusatz von Haferflocken ist denkbar, wobei kein besonderes Maischeverfahren notwendig ist.

Rohgetreide

Ungemälzte Gerste und ungemälzter Weizen können als Mehl oder Schrot verwendet werden, 20% der Gesamtschüttung sollten jedoch nicht überschritten werden. Gerste soll für kernige Biere sorgen. Weizen ist recht gut zu verarbeiten, wenn er grob geschrotet ist, wie fürs Backen von Schrotbrot. Mühlen liefern Schrot als „Typ 1700“. In Reformhäusern und Naturkostläden kann man auch frisch geschrotetes Getreide erwerben.

Malzextrakt

Kein Ersatzstoff im eigentlichen Sinn ist Malzextrakt, sondern er wird aus Malz gewonnen. Es wird in flüssiger Form angeboten, gewissermaßen als eingedickte Bierwürze, und als Pulver. Bei (ausschließlicher) Verwendung von Malzextrakt spart man den Maischprozess, es gibt sogar bereits gehopftes Malzextrakt, wodurch auch das Würzekochen entfällt.

Malzextrakt wird nach Vorschrift des Herstellers mit Wasser verdünnt weiterverarbeitet.

Nach Angabe der Hersteller soll aus Malzextrakt ein Qualitätsbier hergestellt werden können – der Leser mag, wenn er will, selbst eigene Erfahrungen sammeln. In englischen Rezepten werden oft Malz und Malzextrakt zusammen verwendet. Dann aber entfällt der Vorteil, dass auf den Maischprozess verzichtet werden kann, und das Bier kann ebenso gut ganz aus Malz gebraut werden.

Ganz hilfreich kann Malzextrakt sein, wenn etwas passiert, was bei Beachtung der Ratschläge in diesem Buch eigentlich gar nicht passieren sollte: Wenn Sie nämlich nach dem Abläutern feststellen, dass der Extraktgehalt weit unter dem gewünschten liegt und auch durch das Würzekochen nicht genügend korrigiert werden kann (eine Erhöhung des Extraktgehaltes um 3 % ist aus Energie- und Qualitätsgesichtspunkten vertretbar), so kann mit Malzextrakt immer noch die angestrebte Stammwürze erreicht werden.

Zusatzstoffe

Bedeutung der Zusatzstoffe

Ein Bier, das aus gewöhnlichem hellem wie dunklem Malz gebraut wird, hat manchmal nicht den gewünschten Farbton oder die gewünschte Vollmundigkeit. In solchen Fällen werden Zusatzstoffe verwendet. Wenn diese auf Malzbasis hergestellt sind (Farbmalz, Karamellmalz), so ist der Zusatz auch nach dem Reinheitsgebot erlaubt. Zuckercouleur ist dagegen nur erlaubt, soweit auch Zuckerzusatz erlaubt ist, also bei obergärigen Bieren.

Farbmalz

Dunkles Malz ergibt ein dunkel gefärbtes Bier, das sich bei richtigen Mälz- und Brauverfahren auch im Geschmack von hellem Bier sehr unterscheidet – dunkles Bier ist ein eigenständiges Getränk, nicht nur eine optische Abart.

Wenn nun Bier aus hellem Malz unter Zugabe von besonders aufbereitetem, sehr dunklem Farbmalz hergestellt wird, so entsteht durchaus ein Bier, das farblich dem dunklen Bier entspricht, geschmacklich aber günstigstenfalls einem hellen gleicht, schlimmerenfalls jedoch durch das Farbmalz einen unangenehm brenzligen Beigeschmack hat.

In Deutschland wird daher im Allgemeinen das Farbmalz nur verwendet, um durch einen Zusatz von bis höchstens 2 % die Farbe eines aus dunklem Malz gebrauten Bieres weiter zu verbessern. Englische Bierrezepte enthalten dagegen Farbmalzgaben bis über 10 %, womit dunkel gefärbte Biere auch aus hellem Malz gebraut werden können.

Wer ein dunkles Bier herstellen will, sollte aber auch ein Dunkelmalz dafür verwenden. Eine Farbverbesserung mit Hilfe von Farbmalz wird dann für den Heimbrauer wohl nur noch eine zweitrangige Frage sein, spielt doch für ihn die Frage der Verkäuflichkeit und der Wirkung auf den Kunden keine Rolle, wohl aber der Geschmack des Bieres.

Die Mehrzahl der Hobbybrauer wird daher dunkles Bier aus Dunkelmalz brauen.

Man kann sich zur Not mit einer Kombination aus Farbmalz und dem nachstehend beschriebenen Karamellmalz behelfen, jedoch mit den oben beschriebenen Qualitätseinbußen. Die in diesem Buch abgedruckten Bierrezepte (siehe Seiten 91 bis 100) zeigen auch, wie unter diesen Umständen behelfsmäßig ein dunkles Bier versucht werden kann.

Farbmalz kauft man am besten fertig ein, aber es lässt sich leicht selbst herstellen:

100 g gewöhnliches helles Malz wird in 5 ml Wasser eingeweicht (etwa 5 Stunden) und dann im Backofen geröstet bei folgenden Temperaturstufen: Bei 60 bis 80 °C soll in ½ bis 1 Std. ein Teil der Stärke verzuckern. Dann wird schnell auf 160 °C erhitzt, dann langsam in 1 ½ Std. auf 200 °C. Nun schnell auf 220 °C gehen und diese Temperatur halten, bis der richtige Farbgrad erreicht ist.

Dies wird durch die Schnittprobe überprüft: Ein Malzkorn wird durchgeschnitten, es muss durchgehend mattbraun, kaffeeartig aussehen. Wird der Röstprozess zu lange ausgedehnt oder wird die Temperatur zu sehr erhöht – 250 °C gelten als kritische Grenze – so zeigen sich Fehler:

- Die Schnittfläche ist schwarz, glänzend
- Körner sind aufgeplatzt
- Körner sind miteinander verklebt

Ist der richtige Zustand erreicht, so wird mit einem Wasserzerstäuber Wasser über das Malz gesprüht und noch einige Minuten bei leicht geöffneter Backofentür wieder verdunstet. Zweck dieser Maßnahme ist es, diejenigen Stoffe zu lösen und zu verdunsten, die einen unangenehmen brenzlichen oder bitteren Geschmack erzeugen.

Vor der Verwendung sollte Farbmalz noch einige Wochen gelagert werden. Da dabei keine Feuchtigkeit aufgenommen werden soll, eignet sich als Lagergefäß ein Glas mit Schraubverschluss am besten.

Farbmalz wird wie üblich geschrotet und der Gesamtmaische vor der Verzuckerungsrast (also bei etwa 72 °C) zugegeben.

Karamellmalz

Karamellmalz gibt den Bieren zwar nur wenig Farbe, aber einen vollmundigen, malzigen Geschmack, es wird daher bevorzugt bei dunklen Bieren verwendet, die unter Verwendung von Farbmalz hergestellt wurden. Aber auch für helle Biere wird gelegentlich ein besonderes, helles Karamellmalz („Carapils“) verwendet. Bis zu 15 % der Gesamtmalzmenge ist möglich.

Karamellmalz wird ebenfalls am sinnvollsten im Hobbybrauerhandel erworben, kann aber auch selbst hergestellt werden:

500 g helles Malz wird in 250 ml Wasser eingeweicht und öfters gewendet, bis das ganze Wasser vom Malz aufgenommen ist. Dann wird das eingeweichte Malz im geschlossenen Backofen etwa 3 Stunden lang bei 60 bis 70 °C gehalten. In dieser Zeit verzuckert die Stärke. Bei leicht geöffneter Ofentür (bei manchen Backöfen gibt es serienmäßig „Grillschirme“, die die Ofentür gerade so weit offen halten, dass Feuchtigkeit entweichen kann – ansonsten einfach einen Holzkochlöffel in die Ofentür klemmen) wird nun bei 150 bis 180 °C in 1 bis 2 Stunden der entstandene Zucker karamellisiert.

Solange das Malz im Backofen ist (besonders in der Verzuckerungsphase) muss der stärkere Flüssigkeitsverlust an dem obenliegenden Malz durch häufiges Besprühen mit einem Wassersprüher ausgeglichen werden.

Karamellmalz kommt noch weich und zäh aus dem Ofen, nicht völlig getrocknet wie das Farbmalz. Auch bei der Schnittprobe erhält man ein anderes Ergebnis, der Mehlkörper ist glasig braun. Der Geschmack des Karamellmalzes ist karamellartig bis honigartig, der Malzgeschmack ist noch deutlich festzustellen.

Karamellmalz wird sehr fein geschrotet und mit dem anderen Malz zusammen gemaischt.

Zuckercouleur

Zuckercouleur darf in Deutschland nur bei obergärigen Bieren verwendet werden. Zuckercouleur färbt stark und bringt auch eine Geschmacksveränderung bis zum Karamellartigen. Hergestellt wird Zuckercouleur so:

Zucker wird in einer Eisenpfanne bei milder Hitze langsam erwärmt, dabei ständig umgerührt, damit nichts anbrennt. Die Zuckerkristalle schmelzen zunächst und bräunen dann. Dieses Bräunen muss – unter ständigem Rühren – bis an die Grenze zum Verbrennen fortgeführt werden, ohne natürlich diese Grenze zu überschreiten. Auch hier gilt: Wenn Sie Zuckercouleur verwenden wollen, so kaufen Sie lieber das fertige Produkt im Fachhandel.

So entsteht eine tiefbraune, sirupartige Masse von angenehmem Karamellgeruch und Karamellgeschmack. Nun wird zu je 100 g Zucker 100 ml Wasser zugegeben und der Zucker unter ständigem Rühren darin gelöst. Die so erhaltene Zuckercouleur wird in Schraubverschlussflaschen abgefüllt und hält sich so einige Wochen.

Zuckercouleur wird zugegeben, bis das Bier die gewünschte Farbtiefe erreicht hat. Der richtige Zeitpunkt für die Zugabe der Zuckercouleur ist daher nach dem Kochen der Würze und vor der Vergärung. Gelegentlich wird vorgeschlagen, Couleur dem fertigen Bier zuzusetzen. Dann schmeckt das Bier aber süßlich und außerdem können wieder Trübungen eintreten.

Die genaue Dosierung richtet sich natürlich nach der gewünschten Farbtiefe und auch nach dem Herstellungsverfahren der Zuckercouleur. Als Anhaltspunkt kann dienen: 10 l Bier lassen sich schon recht dunkel färben, wenn Zuckercouleur aus etwa 200 g Zucker und 200 ml Wasser zugegeben wird. Wenn Zuckercouleur zusammen mit Farbmalz oder mit dunklem Malz verwendet wird, so genügen natürlich entsprechend geringere Mengen.

Andere Zusatzstoffe

In gewerblichen Brauereien werden noch viele andere Zusatzstoffe verwendet. Einige davon sind nur schwer zu beschaffen, andere selbst von geübten Hobbybrauern nur schwer zu dosieren. Deshalb seien diese Zusatzstoffe nur kurz beschrieben:

Farbebier. Besonders farbkräftiges Bier wird der Würze oder dem Fertigbier zur Farbverstärkung zugesetzt.

Brühmalz. Speziell hergestelltes dunkles Malz von hoher Enzymstärke. Der Zusatz sollte 15 % nicht übersteigen.

Sauermalz. Besonders milchsäurereiches Malz, das die ungünstige Wirkung der Karbonathärte des Wassers mindert. Es werden bis etwa 10 % verwendet, zumeist weniger.

Geröstete Gerste. Sie dient ebenfalls der Farbverbesserung. Ihre Verwendung ist in Deutschland nach dem Biergesetz nicht erlaubt.

Gerste kann im Backofen geröstet werden, dabei dürfen ca. 220 °C nicht überschritten werden, da sonst ein brenzliger Geruch entstehen kann. Gelegentliches Besprühen mit Wasser verbessert die Bräunung. Die Röstung ist richtig, wenn die Farbe rotbraun dunkel wird.

Grünmalz. Malz nach dem Keimen, aber vor dem Darren nennt man Grünmalz. Grünmalz kann man durchaus selbst herstellen. Die Gerste wird behandelt wie im Kapitel „Selber Mälzen“ (Seite 26) beschrieben. Gerade der schwierigste Teil des Mälzens, das Darren, entfällt. Damit entfällt auch die unvermeidliche Zerstörung von Enzymen durch die Erwärmung beim Darren. Dieses enzymreiche Malz wird vor allem dann verwendet, wenn viel Rohfrucht (Mais, Reis, Hafer, Rohgetreide) zur Herstellung des Bieres verwendet wird. Die der Rohfrucht weitgehend fehlenden Enzyme werden so ergänzt. Grünmalz kann auch das Schaumverhalten des Bieres verbessern.

Bei der Bierherstellung werden bis zu 40% Grünmalz verwendet. Die Gefahr der Beeinträchtigung des Biergeschmackes ist aber groß, daher ist Vorsicht geboten; 20% sollten die Obergrenze sein.

Grünmalz ist leicht verderblich und muss bald nach der Herstellung verwendet werden.

Das Bierbrauen

Im Kapitel „Erster Brauversuch“ (Seite 19) wurde schon beschrieben, wie auf einfache Weise ein Bier gebraut werden kann. In diesem Kapitel werden nun die einzelnen Schritte des Bierbrauens ausführlich beschrieben. Es wird dargestellt, wie mit verfeinerten Verfahren eine bessere Bierqualität erzielt oder die Arbeit erleichtert werden kann.

Das folgende Schema (Seite 48) soll die einzelnen Arbeitsgänge verdeutlichen und es soll helfen, dass Sie sich immer wieder schnell orientieren können, um zu sehen, welcher Schritt als nächster ansteht.

Das Malz-Wasser-Verhältnis

Im Kapitel „Erster Brauversuch“ wird genau angegeben, wie viel Malz und wie viel Wasser zum Brauen verwendet werden sollen (Seite 19). Diese genauen Angaben werden dem Anfänger sicher den Einstieg in das Bierbrauen erleichtern, streng genommen sind aber allgemeinverbindliche Mengenangaben gar nicht möglich. Jedes Malz hat eine andere Zusammensetzung, jedes Malz liefert einen anderen Anteil an löslichen und unlöslichen Bestandteilen. Auch das Sudverfahren wird die vorhandenen löslichen Bestandteile mehr oder weniger gut tatsächlich lösen und für die Bierherstellung gewinnen. Beide Faktoren, Malzbeschaffenheit und Sudverfahren, bewirken zusammen, wie gut das Malz beim Sud ausgenutzt wird, wie viele Bestandteile des Malzes in der Bierwürze gelöst werden können. Daraus ergibt sich, wie viel Malz notwendig ist, um eine bestimmte Menge Bier mit einer bestimmten Stammwürze zu erhalten.

Der Bierbrauer nennt die Malzmenge **Schüttung**, die Wassermenge **Guss**. Es kann davon ausgegangen werden, dass der Guss fast doppelt soviel ausmacht, wie die Menge des fertigen Bieres betragen wird – für 10 l Bier braucht man rund 17 l Brauwasser.

Ein Gutteil des zugegebenen Wassers verdunstet schon beim Maischen oder bleibt im Treber zurück, beim Würzekochen verdampft ein weiterer Teil. So kommen von ursprünglich 17 l Wasser und 2,2 kg Malz nur noch rund 12 l Würze in das Kühlschiff. Auf dem Kühlschiff und bei der Gärung verdunstet Wasser, Bier bleibt im Hefetrub zurück und geht beim Schlauchen und Abfüllen verloren. Der Mengenverlust vom Kühlen bis zum Abfüllen ist mit 8 bis 24% anzusetzen. Nicht nur der **Gesamtguss** ist für die Bierqualität wichtig, sondern auch die Verteilung des Gusses auf **Hauptguss** (Wasser, das zum Malz bei Beginn des Maischens gegeben wird) und **Nachguss** (Wasser zum Auswaschen der Treber nach Beendigung der eigentlichen Maischarbeit). Hier kann gelten: Je mehr das Schwergewicht beim Nachguss liegt, umso besser wird die Ausbeute. Eine Verschiebung des Schwergewichtes hin zum Hauptguss verschlechtert die Ausbeute, jedoch wird die Bierqualität bis zu einem gewissen Grad besser.

Auch der Biertyp beeinflusst die Verteilung des Gusses auf Hauptguss und Nachguss: Helle Biere verlangen einen größeren

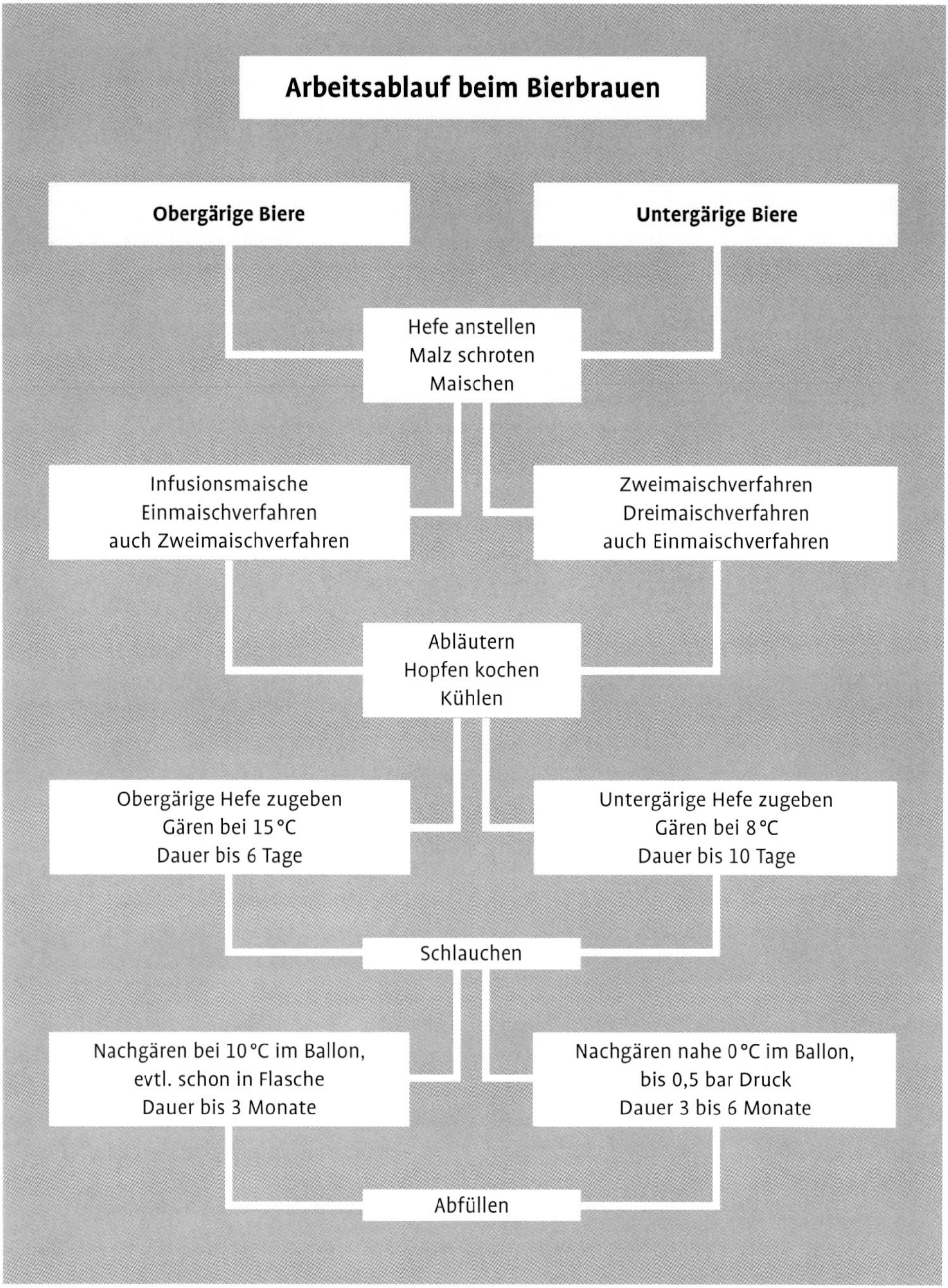
Arbeitsablauf beim Bierbrauen
Obergärige Biere
Untergärige Biere
Hefe anstellen
Malz schroten
Maischen
Infusionsmaische
Einmaischverfahren
auch Zweimaischverfahren
Zweimaischverfahren
Dreimaischverfahren
auch Einmaischverfahren
Abläutern
Hopfen kochen
Kühlen
Obergärige Hefe zugeben
Gären bei 15 °C
Dauer bis 6 Tage
Untergärige Hefe zugeben
Gären bei 8 °C
Dauer bis 10 Tage
Schlauchen
Nachgären bei 10 °C im Ballon,
evtl. schon in Flasche
Dauer bis 3 Monate
Nachgären nahe 0 °C im Ballon,
bis 0,5 bar Druck
Dauer 3 bis 6 Monate
Abfüllen

Hauptguss, also dünnere Maischen. Dunkle Biere dagegen werden dicker gemaischt, der Nachguss übertrifft mengenmäßig den Hauptguss.

In der folgenden Tabelle wird angegeben, in welchem Verhältnis Schüttung, Hauptguss und Nachguss zueinander stehen sollten, wenn unter Hobbybrauer-Bedingungen gearbeitet wird. Diese Tabelle kann aber nur Anhaltspunkte geben, ein Brauversuch wird zeigen, ob in Ihrem speziellen Fall auch wirklich das angestrebte Ergebnis erzielt wird. Eine geringe Abweichung ist durch eine Veränderung der Schüttung beim nächsten Brauversuch auszugleichen. Bleibt aber der Stammwürzegehalt wesentlich hinter dem Soll zurück, so muss das Sudverfahren überprüft werden. Seite 73 enthält einige Tipps, wo der Fehler liegen könnte.

Zwischenwerte lassen sich leicht entsprechend einsetzen, 1 % Erhöhung der Stammwürze wird erreicht, indem die Schüttung um rund 200 g erhöht wird.

Sie sollten sich übrigens über die Größe eines Sudes Gedanken machen: Ein zu kleiner Sud erfordert unverhältnismäßig viel Arbeit und Energie. Nach oben andererseits gibt es technisch begründete Grenzen. Bei der Beschreibung der Geräte für die Maischarbeit (Seite 58) wird auf dieses Thema zurückgekommen.

Zur Herstellung von 10 l Bier werden verwendet:

Bierart	Schüttung	Hauptguss	Nachguss
12 % hell	2,2 kg	9 l	8 l
16 % hell	2,9 kg	10 l	7 l
12 % dunkel	2,2 kg	7 l	10 l
16 % dunkel	2,9 kg	8 l	9 l

Das Schroten

Im „Ersten Brauversuch“ wurde empfohlen, Malz zu verwenden, das schon beim Händler geschrotet, also zermahlen wurde. Dieses Malzschrot ist natürlich am einfachsten zu verarbeiten. Aber geschrotetes Malz ist wesentlich teurer als ungeschrotetes, was sich bei häufigem Brauen bemerkbar macht. Besonders gravierend wird dieser Unterschied, wenn man bedenkt, dass Mälzereien, also die billigste Einkaufsquelle für Malz, nur ungeschrotetes Malz abgeben. Zu bedenken ist auch, dass zerkleinertes, geschrotetes Malz viel schneller altert und daher schnell verbraucht werden sollte.

Auf die Dauer werden Sie daher sicherlich dazu übergehen, Ihr Malz selbst zu schroten. Dabei kommt es nicht, wie beim Getreide zum Backen, darauf an, die Körner zu Mehl zu zermahlen. Zu feines Malzschrot bringt Schwierigkeiten beim Abläutern, beim Trennen der Würze von den Festbestandteilen, den Trebern. Ziel des Schrotens ist vielmehr, die Spelzen des Malzkornes zu knacken, so den **Mehlkörper** freizulegen und sodann den Mehlkörper zu zermahlen. In gewerblichen Brauereien wird daher das Malz stufenweise zwischen Walzen zerquetscht, nicht wie in der Getreidemühle zerrieben.

Eine Malzmühle für den Hobbybedarf kostet ab 100 € aufwärts, aber es lässt sich auch improvisieren. Eine Haushaltsgetreidemühle mit Handantrieb kostet keine 50 €, als Vorsatz zur Küchenmaschine ab 100 €. Diese können auch beim Brotbacken verwendet werden. Günstiger als die Typen mit Steinmahlwerk (die für die Brotmehlherstellung Vorteile haben) sind bei der Malzschrotung die Typen mit **Stahlmahlwerk**.

Da wie erwähnt die Spelzen nicht zu sehr zerkleinert werden sollen, müssen die Getreidemühlen in sehr grober Einstellung verwendet werden. Beim Mahlen darf sich das Malz nicht zu sehr erwärmen, eine Schädigung der Enzyme ist sonst unvermeidlich. Daher sind jeweils nach einigen Minuten Pausen einzulegen.

Ein ganz ordentliches Ergebnis wird erzielt, wenn das Malz mit einer Küchenmaschine geraspelt wird. Dabei wird eine Reibetrommel mit kleinen mit mittleren Löchern verwendet, wie sie etwa für Nüsse oder Käse geeignet ist. Probieren Sie aus, welche der Reiben das beste Ergebnis bringt: Fein reibende Einsätze bringen zwar eine richtige Schrotgröße, der Mahlvorgang dauert dann aber sehr lange. Gröbere Einsätze dagegen arbeiten genügend schnell, lassen aber unter Umständen noch Körner gänzlich unbearbeitet durch. In letzterem Fall wird das Malz nur ungenügend ausgenutzt.

Auch das Schlagmesser der Küchenmaschine oder des Mixers, der Schneidstab des Handrührgerätes oder die Kaffeemühle (mit Schlagmesser, eine Mahlwerkmühle ist ungeeignet) können verwendet werden. Der große Nachteil dieser Geräte ist aber, dass das Malz sehr ungleichmäßig zerschlagen wird. Manche Körner sind noch ganz, während andere schon zu Mehl zerrieben sind. Mahlt man weiter, so sind schließlich zwar alle Körner zerschlagen, der Mehlanteil aber ist viel zu hoch. Es muss eben ein vernünftiger Mittelweg gefunden werden.

Wenn der Schneidstab des Handrührgerätes verwendet wird, so staubt es gewaltig, es sei denn, der Mixbecher wird durch eine geeignete Konstruktion abgedeckt. Bewährt hat sich eine „Schürze“ aus einer Kunststofftüte, die mit Gummiringen staubdicht verschlossen wird (die Lüftungsschlitze des Gerätes müssen aber unbedingt frei liegen!). Für einige Typen gibt es auch Spritzschutzdeckel.

Gelegentlich wird empfohlen, das Malz mit einem Wellholz zu zerdrücken. Besonders geeignet ist ein Wellholz aus Marmor (in Küchenspezialgeschäften zu haben). Dabei wird die Walzenmühle ziemlich genau imitiert, es ist aber eine sehr umständliche Sache, die Malzkörner spritzen nach allen Seiten weg. Das lässt sich vermeiden, wenn man zwischen Wellholz und Malz ein Tuch oder eine Folie legt. Verwenden Sie auf keinen Fall einen zu weichen Untergrund, Resopal oder dergleichen sind geeignet.

Eine gute Möglichkeit (wenn keine Mühle zur Hand ist) ist auch das **Nassschroten**: Das Malz wird in Wasser eingeweicht (auf 1 kg Malz 0,5 l Wasser) und dann nach etwa 30 Minuten Weiche mit dem Schneidstab oder dem Mixer zerkleinert. Bei diesem Verfahren entsteht praktisch kein Staub, die Spelzen trennen sich leicht vom Mehl, und ungleichmäßige Schrotung wirkt sich nicht so stark auf den Sudvorgang und das Abläutern aus. Allerdings entsteht ein schmieriger Brei, und die verwendeten Geräte sind nur aufwändig zu reinigen.

Wer eine Brauerei findet, die Malz abgibt, wird ohne Schwierigkeiten und wahrscheinlich ohne übertriebene Mehrkosten das Malz auch geschrotet erhalten können.

Das Maischen

Theoretische Grundgedanken

Wie wir gesehen haben, wird beim Mälzen nur ein geringer Teil der Eiweißstoffe und der Stärke in kleinere chemische Bausteine zerlegt. Durch das Darren wird dieser Zerlegungsvorgang beendet. Die Enzyme, die beim Mälzen gebildet worden sind, sollen nun diesen Zerlegungsvorgang in der Maische zum Fortgang bringen. Dabei sind zwei Enzymgruppen von Bedeutung:

- Proteasen: Sie spalten großteilige Eiweißstoffe (Proteine) in kleinerteilige „niedermolekulare" Eiweiße
- Amylasen: Sie spalten Stärke (Amylose) in Zucker und in Dextrine (Stoffe, die chemisch zwischen der Stärke und dem Zucker anzusiedeln sind)

Die Amylase kommt in zwei Ausprägungen vor: α-Amylase* und β-Amylase*. Erstere bezeichnet man als dextrinogen, was besagen soll, dass α-Amylase mehr Dextrine erzeugt, während die β-Amylase saccharogen wirkt, also mehr Zucker (Saccharose) erzeugt.

Für den Ablauf des Maischens ist zu bedenken, dass die chemischen Vorgänge grundsätzlich temperaturabhängig sind, erst recht gilt dies bei enzymatischen Vorgängen. Zwar wirken alle erwähnten Enzyme bei allen Temperaturen, die beim Maischen durchlaufen werden, aber sie haben bestimmte „Lieblings"-Temperaturen, bei denen sie die beste Wirkung entfalten, und andererseits werden sie bei bestimmten Temperaturen stark geschädigt; diese Temperaturbereiche können folgendermaßen angegeben werden:

- Proteasen: Optimum 40–60 °C, Schädigung ab 70 °C
- β-Amylase: Optimum 62–65 °C, Schädigung ab 70 °C
- α-Amylase: Optimum 72–75 °C, Schädigung ab 80 °C

Beim Maischen wird nun die Temperatur des Malz-Wasser-Gemisches stufenweise erhöht. Jeweils beim Wirkungsoptimum hält man „Rastzeiten" ein, d. h. die Maische wird eine bestimmte Zeit bei einer bestimmten Temperatur gehalten.

Die Tabelle auf Seite 52 nennt die optimalen Rastbereiche. Diese Angaben können nicht bei jedem Malz, bei jedem Bier und bei jeder äußeren Bedingung zutreffen. Auch die Wasserhärte wirkt sich auf die Optimaltemperatur aus, ebenso die Säureverhältnisse in der Maische. Jeder Brauer muss daher für sich selbst die günstigsten Bereiche herausfinden, die Tabelle nennt die positiven (+) und negativen (−) Auswirkungen, die bei Erhöhung oder Senkung der optimalen Rasttemperatur zu erwarten sind und bei Verlängerung oder Verkürzung der Rastzeiten.

Die in dieser Tabelle verwendeten Begriffe werden im Kapitel „Biere beurteilen" ab Seite 102 erläutert; dort ist beschrieben, wie das Schaumverhalten eines Bieres sein soll, was unter Vollmundigkeit zu verstehen ist und wie sich eine Verschiebung des Verhältnisses von den vergärbaren Zuckern zu den nicht vergärbaren Dextrinen auswirkt. Die Angaben der Tabelle sollen nur als Richtwerte gelten. Es empfiehlt sich, zuerst die angegebenen Temperaturen und Rastzeiten auszuprobieren. Wenn das gebraute Bier nicht befriedigt, so kann das Maischverfahren variiert werden, bis die angestrebte Geschmacksrichtung erreicht ist.

* α: griechischer Buchstabe Alpha
β: griechischer Buchstabe Beta

Temperaturstufen und Rastzeiten beim Maischen

Enzym	Protease	β-Amylase	α-Amylase
Wirkung des Enzyms	spaltet Eiweiß in kleinere Einheiten	spaltet Stärke vorwiegend in vergärbaren Zucker	spaltet Stärke, wobei ein hoher Anteil an nicht vergärbaren Stoffen entsteht
Rasttemperatur	53 °C	63 °C	75 °C
Rast bei tieferer Temperatur	+ Klärung – Schaumverhalten – Vollmundigkeit	+ Vergärungsgrad – Nichtzucker	+ Vergärungsgrad – Nichtzucker
Rast bei höherer Temperatur	+ Schaumverhalten + Vollmundigkeit – Klärung	+ Nichtzucker – Vergärungsgrad	+ Nichtzucker – Vergärungsgrad
Dauer der Rast	60 Min.	30–45 Min.	30–45 Min.
Verkürzung der Rastzeit	+ Klärung – Schaumverhalten – Vollmundigkeit	+ Nichtzucker – Vergärungsgrad	+ Nichtzucker – Vergärungsgrad
Verlängerung der Rastzeit	+ Schaumverhalten + Vollmundigkeit – Klärung	+ Vergärungsgrad – Nichtzucker	+ Vergärungsgrad – Nichtzucker

Tipp: Die für jeden Brauer optimale Rasttemperatur und Rastzeit ist durch Versuche herauszufinden.

Ändern Sie dabei aber nicht alle Bedingungen gleichzeitig, sondern testen Sie sich Schritt für Schritt an das beste Ergebnis heran. Das „beste Ergebnis" kann dabei natürlich nur das Bier sein, das Ihnen am besten schmeckt, der Publikumsgeschmack spielt ja für den Hobbybrauer, im Gegensatz zu den Bedürfnissen einer Brauerei, keine Rolle.

Die Bierbrauer früherer Jahrhunderte kannten natürlich die hier geschilderten theoretischen Grundlagen des Bierbrauens noch nicht. Die Existenz der Enzyme war nicht bekannt und Temperaturen konnten mangels Thermometer nicht gemessen werden – gebräuchlichstes Verfahren zur Temperaturkontrolle war noch im 19. Jahrhundert, mit dem Finger im Bier zu rühren. Konnte der Brauer drei Kreise beschreiben, bis der Schmerz zu groß wurde, so war die Maischetemperatur richtig. Zudem muss man sich vorstellen, dass das Bier in waschkesselähnlichen Geräten gesotten wurde, die mit Holz beheizt waren. Eine Regulierung der Temperatur war – anders als auf Ihrem Gas- oder Elektroherd – so nur bedingt und nur mit großer zeitlicher Verzögerung möglich. Trotz dieser Erschwernisse haben die Brauer schon vor Jahrhunderten Brauverfahren entwickelt, die auch heute noch gebräuchlich sind. Die, beginnend im letzten Jahrhundert, gewonnenen wissenschaftlichen Erkenntnisse und die seither geschaffenen technischen Möglichkeiten haben an diesen Brauverfahren im Grundsätzlichen wenig geändert, nur wird vieles genauer kontrolliert und besser gesteuert.

Die verschiedenen **Maischverfahren** werden im Folgenden beschrieben.

Wichtig ist in jedem Fall, dass das Maischen so betrieben wird, dass in der Würze keine Stärken und keine höherteiligen Dextrine mehr enthalten sind. Zur Kontrolle dient die **Jodprobe**; sie ist ein wichtiges Hilfsmittel, um Stärkereste in der Würze zu erkennen und damit Stärketrübungen später im Bier zu verhindern.

Bei der Jodprobe wird die Tatsache ausgenutzt, dass Jod eine Flüssigkeit, die Stärke enthält, tiefblau färbt. Je weiter abgebaut die Stärke ist, umso weniger intensiv ist die Färbung, Jod färbt eine fortgeschrittene Maische nur noch rotbraun, dann rötlichgelb, schließlich gelb. Zur Jodprobe wird eine Jodlösung (Jod N-50-Lösung) verwendet, die im Fachhandel erhältlich ist. Ein Fläschchen für wenige Euro reicht jahrelang.

Zur Jodprobe werden gegen Ende des Maischens einige Tropfen Würze auf eine weiße Untertasse gegeben, nach kurzer Abkühlung dann einige Tropfen Jodlösung. Je nach Färbung wird die Rast noch verlängert oder aber das Maischen beendet.

Das Einmaischen

Das Maischen beginnt mit dem Vermischen des geschroteten Malzes mit Wasser, der Brauer spricht vom Einmaischen. Das muss so geschehen, dass Malz und Wasser sich gut durchmischen, ohne dass sich Klumpen bilden. Das Gemisch muss breiig, teigig aussehen. Am besten gibt man das Malzschrot unter ständigem Rühren in das Wasser. Beachten Sie bei der Wahl der Behälter, dass 1 kg Malzzugabe das Volumen der Maische um nahezu 1 l erhöht. Von Bedeutung ist auch die Temperatur, bei der eingemaischt wird. Manchmal wird kalt eingemaischt, also bei Zimmertemperatur. Häufiger wird eine Einmaischtemperatur von 35 °C gewählt oder knapp über 50 °C. Bei der Beschreibung der Maischverfahren im Einzelnen wird die jeweils für dieses Verfahren gebräuchliche Einmaischtemperatur angegeben. Niedrigere Einmaischtemperaturen bedeuten, dass die Maische anschließend erst auf die Eiweißrast-Temperatur gebracht werden muss (etwa 53 °C), wodurch das Maischverfahren insgesamt länger dauert. Dabei kann aber schon vor Beginn der stärkeren Enzymtätigkeit die Maische ziehen; es lösen sich dabei schon viele Malzbestandteile, insbesondere Zucker und Enzyme. Auch die (noch) unlöslichen Bestandteile werden eingeweicht. Kaltes Einmaischen bedeutet daher immer eine Verbesserung der Ausbeute. Nach dem Einweichen muss dann die Maische auf die Ausgangstemperatur erwärmt werden.

Bei der Einstellung der Einmaischtemperatur muss beachtet werden, dass die Temperatur der Maische zwischen der Wassertemperatur und der Malztemperatur liegt. Wenn das Malz etwa Zimmertemperatur – rund 20 °C – hat, so muss Wasser von rund 40 °C (für 35 °C der Maische) oder 62 °C (für 53 °C der Maische) verwendet werden.

Bei den Dekoktionsverfahren (siehe nächstes Kapitel Seite 55) besteht die Schwierigkeit, dass die Maische sich in einem nicht oder wenigstens zumeist nicht heizbaren Behälter befindet. Man kann die Maische an sich mit einem Tauchsieder weiter erwärmen, aber die Verwendung von Tauchsiedern in der Maische ist nicht unproblematisch: Malzteile, Spelzen vor allem, setzen sich an den Heizschlangen fest. Abgesehen davon, dass die Heizschlangen sehr schwer zu reinigen sind (besonders innen), ist besonders nachteilig, dass die an den Heizschlangen festsitzenden Malzteile verbrennen und der Maische einen unangenehmen, brenzligen Geruch verleihen. Dies lässt sich allenfalls dadurch verhindern, dass der Tauchsieder während der ganzen Heizzeit ständig in der Maische bewegt wird – also gewissermaßen zugleich als Rührlöffel dient. Besser ist, zunächst sehr dick, also mit wenig Wasser, einzumaischen. Zur Erwärmung der Maische auf die Ausgangstemperatur von rund 53 °C wird dann vorsichtig heißes Wasser zugegossen. Dabei muss man ständig umrühren, um eine gleichmäßige Wärmeverteilung zu erreichen und Überhitzungen eines Teiles der Maische zu verhindern. Folgende Mengenverhältnisse sind zu empfehlen:

- Ausgangstemperatur 35 °C: 2,2 kg Malz und 3 l Wasser zum Vormaischen, 6 l Wasser von 50 °C zum Erwärmen
- Ausgangstemperatur 53 °C: 2,2 kg Malz und 3 l Wasser zum Vormaischen, 6 l Wasser von 85 °C zum Erwärmen

Diese Werte beruhen auf dem vorgeschlagenen Malz-Wasser-Verhältnis für helles Bier von 12 % Stammwürze. Andere Biere erfordern andere Mischungsverhältnisse, die Sie aber leicht als „gewogenes arithmetisches Mittel“ errechnen können – oder einfach durch schätzungsweises Verändern der oben angegebenen Wassertemperaturen herausfinden können.

Eine besondere Form des Einmaischens finden wir im Digerieren oder Vormaischen: Es wird einige Zeit – bis zu 12 Stunden – vor Sudbeginn eingemaischt, in dieser Zeit können sich dann die löslichen Malzbestandteile schon lösen. Es ist aber Vorsicht geboten: Bei Erwärmung über 18 °C werden Kleinstlebewesen tätig, die zu einer Säuerung der Maische führen können. Es ist also in jedem Fall mit kaltem Wasser einzumaischen und kühl zu halten. Da die Ruhezeit praktischerweise in der Nacht liegt, ist zu empfehlen, die Fenster zu öffnen und der kühlen Nachtluft Zutritt zu verschaffen.

Infusionsverfahren

Infusion bedeutet auf Deutsch Einflößung (die medizinische Bedeutung besagt, dass zum Beispiel ein Medikament in die Blutbahnen eingeflößt wird). Das klassische Infusionsverfahren lässt diesen Wortsinn noch erkennen. Auf die mit ganz wenig Wasser besonders dick angerührte Maische wird kochendes Wasser gegossen (gewissermaßen in die Maische eingeflößt) und so stufenweise eine Temperatur von 75 °C erreicht. Man spricht dann von „aufsteigender Infusion“.

Daneben ist, besonders in England auch heute noch, eine andere Form gebräuchlich: Malz wird mit Wasser von 80 °C angerührt, die Maische hat dann etwa 70 °C. Der Maischbottich wird gut gegen Wärmeverlust geschützt und die Maische ansonsten mehrere Stunden, ja eine ganze Nacht lang, sich selbst überlassen, bis die Stärke abgebaut ist. Trotz der Wärmeisolation kühlt die Maische in dieser Zeit ab, man spricht daher auch von „absteigender Infusion“.

Diese Verfahren sind besonders einfach durchzuführen; ein Wasserboiler, ein Eimer und Wolldecken zur Isolation genügen als „Sudhauseinrichtung“. Allerdings können die im vorangegangenen Abschnitt aufgezeigten Überlegungen nur bedingt verwertet werden: Die Enzympausen können nicht gezielt eingehalten werden, bei der aufsteigenden Infusion nicht, weil die hierfür nötige Wasserzugabe die Maische stark verdünnen würde. Bei der absteigenden Infusion schließlich ist der Temperaturverlauf ganz vom Zufall abhängig.

Gegen beide Arten der Infusion spricht auch, dass die Enzyme durch das eingegossene Heißwasser sehr geschädigt werden. Bei der absteigenden Infusion ist diese Schädigung besonders gründlich, schließlich wird ja bei einer Temperatur eingemaischt, bei der die Protease und die β-Amylase bereits nicht mehr lebensfähig sind – nur ein geringer Teil überlebt mehr oder weniger zufällig.

Es müssen daher Malze verwendet werden, die schon sehr weit gelöst sind, die also beim Mälzen schon weit fortgeschritten sind im Prozess des Eiweiß- und Stärkeabbaues und die auch besonders enzymreich sind. Das in England übliche Mälzverfahren berücksichtigt dieses Erfordernis, deutsche Malze dagegen sollten nicht mit diesem Verfahren verbraut werden.

In Deutschland ist das Infusionsverfahren in einer Abwandlung der aufsteigenden Infusion vor allem für obergärige Biere gebräuchlich:

Es wird bei 35 °C eingemaischt und dann jeweils bis zur Rasttemperatur erwärmt, die Rast eingehalten und weiter erwärmt. Beim „ersten Brauversuch" wird nach diesem Infusionsverfahren gearbeitet. Es wird für dieses Verfahren nur ein Kochtopf und ein Thermometer benötigt, die Maischzeit ist kurz und der Energieverbrauch gering. Gerade Hobbybrauer werden gerne die Infusion anwenden, besonders bei obergärigen Bieren vom Typ des Alt oder des Kölsch.

Dekoktionsverfahren

Der Apotheker versteht unter einem Dekokt eine Abkochung von Pflanzenteilen. Beim Dekoktionsverfahren werden Teile der Maische aus dem Maischbottich entnommen, zum Kochen gebracht, gekocht und dann wieder in den Maischbottich zurückgegeben. Durch die Mischung der Maische im Maischbottich mit der Kochmaische erhöht sich die Temperatur im Maischbottich. Die Menge der Kochmaische wird nun so gewählt, dass die Erwärmung in den Schritten erfolgt, wie die Rasttemperaturen gewählt werden. Die Rastzeiten ergeben sich dann aus der Aufheiz- und Kochdauer der Teilmaischen.

Die Teilmaischemengen werden nach einer Formel (siehe unten) berechnet.

Wenn also 15 l Maische von 53 °C (Eiweißrast) auf eine Temperatur von 65 °C (Maltoserast) gebracht werden sollen, so ergibt sich nach der Formel:

$$\frac{65-53}{90-53} \times 15 = \frac{12}{37} \times 15 = 4{,}86 \text{ Liter}$$

(gerundet 5 Liter)

Formel:

$$\text{Kochmaische (l)} = \frac{\text{Zieltemperatur} - \text{Ausgangstemperatur}}{90 - \text{Ausgangstemperatur}} \times \text{Gesamtmaische (l)}$$

Das Dekoktionsverfahren hat eine Reihe von Vorteilen:

- Durch das (teilweise) Kochen werden die Inhaltsstoffe des Malzes gelöst, den Enzymen ein Teil der Arbeit abgenommen oder zumindest erleichtert. Das ist wichtig bei dunklen Bieren, da dunkle Malze enzymärmer sind als helle
- Es werden Stoffe gelöst, die beim Infusionsverfahren gar nicht erfasst werden, die aber den Biergeschmack beeinflussen. Es entstehen herzhaftere und kernigere Biere
- Die langen Enzympausen ermöglichen einen guten Stärkeabbau
- Wenn die Teilmaischen einmal richtig bemessen sind, kann bei der Temperatureinstellung nichts mehr schief gehen (etwa dass beim Infusionsverfahren vergessen wird, die Wärmequelle abzuschalten und so eine Rast übersprungen wird)

Allerdings gibt es auch Nachteile:

- Hoher Energieverbrauch
- Man braucht zwei Maischgefäße
- Beim Kochen werden Enzyme zerstört
- Biere werden durch das Kochen dunkler

Es gibt verschiedene, streng genommen unendlich viele Dekoktionsverfahren. Man unterscheidet zum einen nach der Zahl der Kochmaischen in **Dreimaisch-**, **Zweimaisch-** und auch **Einmaischverfahren***, wobei sich jedes dieser Verfahren vielfach abwandeln lässt hinsichtlich der Rasttemperaturen, der Koch- und damit der Rastzeiten. Zum anderen unterscheidet man nach der Art der Kochmaische in **Dickmaische** und **Lautermaische**. Dem Maischbottich kann eine Dickmaische entnommen werden, d.h. eine Maische, die sehr viele Treberbestandteile enthält. Dann bleiben die Enzyme verstärkt im Maischbottich und stehen dem weiteren Umwandlungsprozess zur Verfügung, während die Treberteile beim Kochen gewissermaßen geknackt und ausgelaugt werden. Mit Dickmaischen arbeitet man bevorzugt bei der ersten und zweiten Maische.

Die letzte Maische wird häufig als Lautermaische entnommen. Dafür lässt man die Treber einige Minuten absitzen und schöpft die Kochmaische verhältnismäßig klar von oben her ab. Eine solche Lautermaische enthält viele Enzyme, die beim Kochen abgetötet werden. Mit Lautermaischen arbeitet man dann, wenn der Vorgang der Stärkespaltung nahezu abgeschlossen ist, wenn die Dextrine nicht mehr weiter abgebaut werden sollen, um so die Vollmundigkeit des Bieres zu erhalten.

Die **Kochdauer** der einzelnen Teilmaischen kann 15 bis 45 Minuten betragen. Je länger die Kochdauer, umso deutlicher treten Vor- und Nachteile des Dekoktionsverfahrens hervor. Ganz allgemein lässt sich sagen, dass helle Biere kürzer gekocht werden, dunkle dagegen länger, weil das Zufärben beim Kochen bei letzteren natürlich unschädlich ist. Das Dekoktionsverfahren ist das klassische Maischverfahren für deutsche untergärige Biere. Früher war das Dreimaischverfahren das weitest verbreitete, was daraus zu erklären ist, dass die Malzqualität bei den früheren unwissenschaftlichen Mälzverfahren stark schwankte. Das Dreimaischverfahren bot mit Sicherheit bei jeder Malzqualität ein in Ausbeute und Geschmack zufrieden stellendes Ergebnis. Heute dagegen werden Malze

---

* Nicht verwechselt werden dürfen die Begriffe „Einmaischen" (Vermischen von Malz und Wasser) und „Einmaischverfahren" (Dekoktionsverfahren, bei dem eine Kochmaische gezogen wird)

mit gleichmäßigerem Lösungsgrad hergestellt, so dass das Zweimaischverfahren in den Vordergrund getreten ist, hat es doch den Vorteil weit kürzerer Maischdauer, wodurch Energie eingespart und die Sudhauseinrichtung früher frei wird für den nächsten Sud.

Noch weiter getrieben wird diese Entwicklung beim Einmaischverfahren, einem Verfahren, das schon sehr dem Infusionsverfahren nahe kommt.

Am Pils lässt sich die beschriebene Entwicklung am deutlichsten zeigen: Das klassische Maischverfahren in Pilsen selbst ist das Dreimaischverfahren. In Deutschland wurde Pils zunächst im Zweimaischverfahren gesotten, heute sind vielfach Einmaischverfahren gebräuchlich.

Rohfruchtmaischen

Die beschriebenen Infusionsverfahren und Dekoktionsverfahren setzen einen Rohstoff voraus, der genügend Enzyme enthält, um die Abbauvorgänge in Gang zu setzen. Dieser Rohstoff ist (nur) gemälztes Getreide. Wie bereits erwähnt, wird im Ausland auch ungemälztes Getreide zur Bierherstellung verwendet. Diese Rohfrucht (Mais, Reis, Gerste, Weizen) muss besonders behandelt werden, weil hier die Zellwände noch völlig intakt sind und erst aufgesprengt werden müssen. Beim Malz hat das Enzym Cytase diese Arbeit schon erledigt und die Zellwände aufgelöst. Bei Verwendung von Rohfrucht kann durch feines Schroten das Aufschließen der Zellwände schon erleichtert werden, allerdings nur in engen Grenzen, denn bei zu feinem Schroten entstehen Schwierigkeiten beim Abläutern. Kräftiges Kochen jedoch kann ebenfalls die Zellwände aufschließen und so auch das ungemälzte Getreidekorn für die Brauerei verwendbar machen.

Der Rohfruchtanteil für das Bier wird daher einer **Sonderbehandlung** unterzogen:

Um wenigstens einen geringen Enzymanteil in der Rohfruchtmaische zu erhalten, wird die Rohfrucht nicht allein eingemaischt, sondern es werden 20 % Malz zugegeben – auf 1 kg Weizen also zum Beispiel 200 g Malz. Dazu kommt die fünffache Wassermenge, im Beispiel also 6 l. Jetzt wird auf 50 °C erwärmt, bei dieser Temperatur eine Rast von 30 Minuten eingehalten. Die – aus dem Malz stammenden – Enzyme beginnen nun mit dem Eiweißabbau. Danach wird weiter erwärmt auf 78 °C, eine Rast von 15 Minuten bei dieser Temperatur dient dem Abbau jener Stärke zu Zucker, die jetzt schon, vor dem Kochen, für die Amylase erreichbar ist. Dann wird auf Kochtemperatur erhitzt und 30 Minuten lang gekocht. Während der Kochzeit befindet sich eine bei Beginn des Kochens angesetzte Maische aus reinem Malz und Wasser in der Eiweißrast. Wird nun die kochende Rohfruchtmaische zur Malzmaische gegeben, so wirkt dies, wie wenn die Kochmaische zur Hauptmaische zurückgegeben wird. Die Temperatur der Gesamtmaische steigt an, die Enzyme aus der Malzmaische beginnen mit dem endgültigen, nachhaltigen Abbau der Stärke – die Rohfruchtmaische enthält ja nach einer halben Stunde Kochen keine funktionsfähigen Enzyme mehr. Ob nun nach dem Infusionsverfahren oder einem Zwei- bzw. Dreimaischverfahren weiter verfahren wird, hängt von den Mengen- und damit Temperaturverhältnissen ab und von der angestrebten Biersorte.

Wichtig: Bei Verarbeitung von Rohfrucht ist die Jodprobe ganz besonders wichtig, es darf keinesfalls unverzuckerte Stärke in der Würze vorhanden sein.

Geräte für die Maischarbeit

Das Herz der gewerblichen Brauerei ist das **Sudhaus**. Jeder, der einmal mit offenen Augen an einem Brauereigelände vorbeigegangen ist, hat die kupfernen Hauben der einzelnen Kessel gesehen, die als Stolz des Brauereibetriebes oft hinter großen Fensterflächen für die Passanten sichtbar zur Schau gestellt werden.

Das Sudhaus enthält die Einrichtungen für das Maischen, das Kochen der Teilmaischen, das Abläutern und das Würzekochen. Größere Brauereien besitzen ein „doppeltes" Sudwerk mit Geräten für jeden dieser Arbeitsgänge: Im **Maischbottich** wird die Maische angesetzt, in der **Maischpfanne** werden die Kochmaischen gekocht. Nach dem Maischen wird dann die ganze Maische in den **Läuterbottich** gepumpt, dort wird der Treber abgetrennt, die geklärte Würze läuft in die **Würzepfanne**, wo Hopfen zugegeben und dann gekocht wird. Kleinere Brauereien begnügen sich mit einem „einfachen" Sudwerk: Der Maischbottich wird zugleich als Läuterbottich verwendet, und die Würzepfanne dient zugleich als Pfanne zum Kochen der Kochmaischen. Der Maisch- und Läuterbottich steht zumeist etwas höher als die Würzepfanne, um so jeweils nur in einer Richtung pumpen zu müssen, vom Bottich zur Pfanne fließt die Maische von selbst. Als Bottich wird übrigens ursprünglich ein nicht heizbarer Behälter bezeichnet, als Pfanne ein heizbarer. Heute werden oft auch „Maischbottichpfannen" verwendet – heizbare Bottiche also.

Übersicht über die verschiedenen Verfahren

Infusionsverfahren	
Geeignet für:	Kölsch, Altbier
Einmaischen bei:	35 °C
Erwärmen auf:	52 °C
Rast:	30 Min.
Erwärmen auf:	65 °C
Rast:	30 Min. dabei alle 2 bis 3 Min. umrühren
Erwärmen auf:	72 °C
Rast:	30 Min.
Erwärmen auf:	78 °C
Rast:	10 bis 15 Min.
Abläutern:	wenn Jodprobe negativ

Einmaischverfahren	
Geeignet für:	Altbier, Kölsch, Lager, Pils
Einmaischen bei:	55 °C
Kochmaische:	60 % (Dickmaische) bei 65 °C 30 Min. Rast alle 2 bis 3 Min. umrühren bei 76 °C 30 Min. Rast 30 Min. kochen zurück in Maischbottich ergibt 76 °C
Rast:	30 Min.
Abläutern:	wenn Jodprobe negativ

Übersicht über die verschiedenen Verfahren

Zweimaischverfahren	
Geeignet für:	Pils, Export, Lager, Weizenbier
Einmaischen bei:	52 °C
1. Kochmaische:	30 % (Dickmaische) bei 70 °C 15 Min. Rast alle 2 bis 3 Min. umrühren 15 Min. kochen zurück in Maischbottich ergibt 64 °C
2. Kochmaische:	45 % (Dickmaische) 30 Min. kochen zurück in Maischbottich ergibt 76 °C
Rast:	20 Min.
Abläutern:	wenn Jodprobe negativ

Dreimaischverfahren	
Geeignet für:	Export, Märzen, Bock, alle dunklen Biere
Einmaischen bei:	35 °C
1. Kochmaische:	33 % (Dickmaische) bei 70 °C 15 Min. Rast alle 2 bis 3 Min. umrühren 20 Min. kochen zurück in Maischbottich ergibt 53 °C
2. Kochmaische:	33 % (Dickmaische) 30 Min. kochen zurück in Maischbottich ergibt 65 °C
3. Kochmaische:	44 % (Lautermaische) 25 Min. kochen zurück in Maischbottich ergibt 76 °C
Rast:	15 Min.
Abläutern:	wenn Jodprobe negativ

Rohfruchtmaische	
Verfahren für Biere, die ungemälztes Getreide (Maismehl, Rohweizen usw.) enthalten. Der gesamte Rohfruchtanteil wird mit 20 % Malz kalt eingemaischt, zusammen mit der 5fachen Wassermenge, zum Beispiel:	
	1 kg Rohfrucht, 200 g Malz 6 l Wasser
Einmaischen:	kalt 15 Min. rühren
Erwärmen auf:	50 °C
Rast:	30 Min., rühren
Erwärmen auf:	75 °C
Rast:	15 Min.
Erwärmen auf:	100 °C 30 Min. kochen
Sobald die Rohfruchtmaische zu kochen beginnt, wird eine weitere Maische angesetzt aus:	
	3 l Wasser von 60 °C 1,3 kg Gerstenmalz ergibt 52 °C
Dann die kochende Rohfruchtmaische zugeben, das Gemisch hat dann 78 °C.	
Rast:	30 Min.
Abläutern:	wenn Jodprobe negativ

Einfache Sudwerke haben natürlich den Nachteil, dass die Kapazität gegenüber dem doppelten Sudwerk begrenzt ist, hinzu kommt, dass Kombigeräte grundsätzlich nicht so optimal an ihre verschiedenen Aufgaben angepasst werden können wie Einzelgeräte. Bei der Würzepfanne wird dies deutlich. Die Würzepfanne muss groß genug sein, um den gesamten Sud aufzunehmen. Dient sie zum Kochen von Teilmaischen, so ist sie nur zu rund einem Drittel gefüllt – mit entsprechend ungünstigem Wirkungsgrad. Eine Maischpfanne dagegen ist kleiner und damit von vornherein besser der Aufgabe entsprechend. Ein Hobbybrauer wird sein „Sudhaus" ganz ähnlich einrichten; er wird für jeden Arbeitsgang die **geeigneten Behälter** bereithalten. Dabei ergeben sich natürlich Unterschiede je nachdem, ob nach dem Infusionsverfahren oder nach dem Dekoktionsverfahren gebraut werden soll. Zunächst muss bei der Auswahl der Behälter bedacht werden, welche Größen überhaupt im Haushalt vorkommen und im Handel erhältlich sind: Gebräuchliche Kochtopfprogramme reichen zumeist nur bis zu einem Inhalt von 7 oder gar nur 5 l. Spezialtöpfe sind im Handel bis etwa 13 l, der größte im Haushalt vorhandene Topf dürfte ein Einmachapparat sein mit 25 bis 30 l. Größere Töpfe – 50 l – sind nur über Gastronomiezulieferer zu erhalten und recht kostspielig. Töpfe dieser Größe bringen aber wenig, denn auch die verfügbaren Heizgeräte setzen der Sudmenge Grenzen: Es hat sich gezeigt, dass die enzymatischen Vorgänge beim Maischen besonders vorteilhaft verlaufen, wenn beim Erwärmen eine Temperaturzunahme um 1 °C in 1 Minute erfolgt. Nach den Gesetzen der Physik kann diese Erwärmung mit einer Heizquelle von 1000 Watt Leistung bei einer Wassermenge von knapp 15 l erreicht werden. Elektrische Herdplatten haben 1000 bis 2000 Watt, haushaltsübliche Tauchsieder 1000, allenfalls 2000 Watt. Berücksichtigt man die unvermeidlichen Wärmeverluste, so ist erkennbar, dass mit diesen Heizquellen Mengen um 20 l die Obergrenze darstellen – für Gasherde gelten nur wenig höhere Werte.

Was das Würzekochen anbelangt, ließe sich das Energieproblem schon lösen, man kann eine Heizquelle (Elektroplatte oder Gasbrennstelle) leicht mit Tauchsiedern kombinieren und so auch einen Sud für 30 l Bier noch ausreichend beheizen. Zur Erwärmung der Maische dagegen ist ein Tauchsieder kaum geeignet, weil, wie schon beim Einmaischen beschrieben, die Festbestandteile der Maische an den Heizschlangen anbrennen.

Natürlich könnte man einen Sud auch in zwei Partien kochen – das ist aber umständlich, energieaufwändig und sicher ganz allgemein unbefriedigend.

Die folgende Tabelle zeigt, welche Behältergrößen jeweils mindestens notwendig sind, um eine bestimmte Biermenge herstellen zu können:

Biermenge	5 l	10 l	15 l
Gefäß zum Maischen	7	13	20
Topf zum Maischekochen bei Dekoktion	3	5	8
Topf zum Würzekochen	9	18	27
Eimer zum Kühlen und Gären	7	13	20
Ballon zur Nachgärung	5	10	15

Diese Richtwerte werden Ihnen helfen, wenn Sie Küche und Keller nach geeigneten Geräten durchsuchen, um die bestmögliche Kombination zu finden. Wie Sie aus der Tabelle ersehen können, ist ein wesentlich größerer Topfinhalt erforderlich, als das fertige Bier später ausmachen wird. Das liegt daran, dass die Würze beim Kochen Bewegungsraum benötigt, dass Wasser verdampft und dass beim Kühlen der Würze, bei der Gärung und beim Abfüllen noch weiterer Schwand unvermeidlich ist.

Ein zu kleiner Sud erfordert unverhältnismäßig viel Aufwand an Arbeit und Ener-

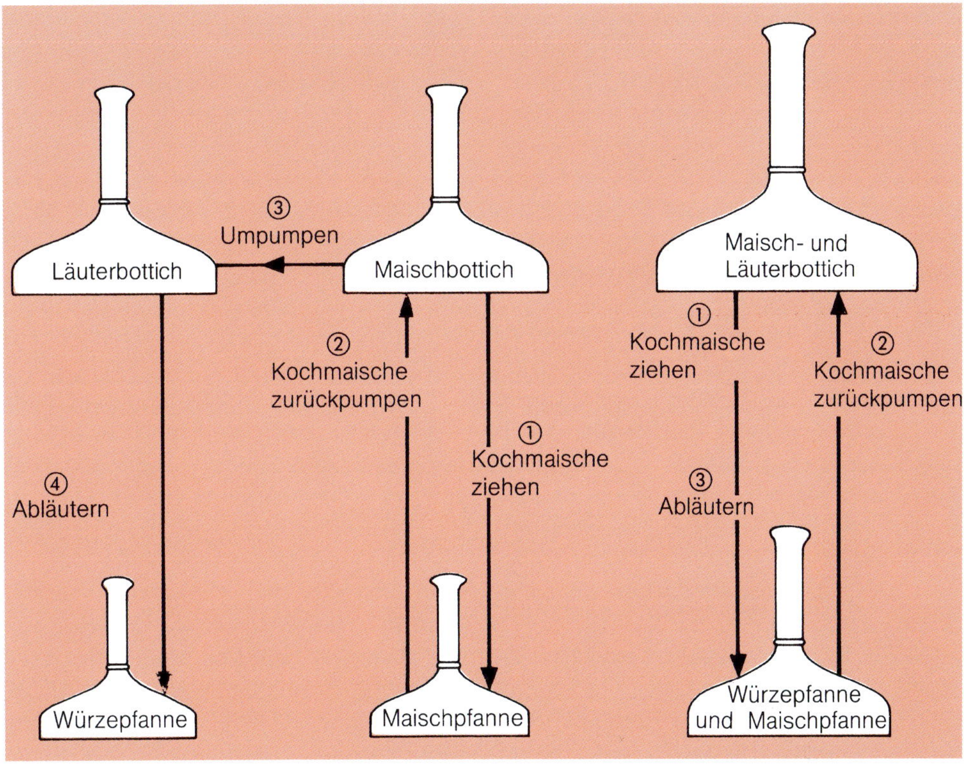

Schema professioneller Sudwerke, links das „doppelte", rechts das „einfache" Sudwerk. Die Pfeile geben an, wie die Maische bzw. Würze im Verlauf eines Sudvorganges hin und her gepumpt werden muss. Die Zahlen benennen die Reihenfolge der Vorgänge.

gie. Um 5 l Bier zu brauen, sind Sie nämlich annähernd so lange beschäftigt wie für 15 l, auch Energieverluste sind bei kleineren Mengen verhältnismäßig größer. So dürften sich Sude unter 10 l von selbst verbieten.

Eine Sudgröße von 15 l wird daher am ehesten zu empfehlen sein. Die „Sudhauseinrichtung" wird dann so aussehen können: Beim **Infusionsverfahren** dient der Einmachtopf als Maischpfanne und nach dem Abläutern wieder als Würzepfanne. Je nach Abläuterverfahren kommt dann noch ein Kunststoffeimer hinzu oder, ganz professionell, ein Läuterbottich wie auf Seite 65 beschrieben. Das Wasser für die Nachgüsse wird man ebenfalls im Einmachtopf auf Temperatur bringen.

Für das **Dekoktionsverfahren** benötigen Sie zwei Gefäße. Der eigentliche Maischbottich braucht nicht heizbar zu sein (ein kleiner Tauchsieder kann helfen, eine einmal erreichte Temperatur aufrechtzuerhalten), aber er muss gut gegen Wärmeabstrahlungen isoliert sein. Dem Praktiker eröffnen sich viele Möglichkeiten. So genügt behelfsmäßig schon ein Kunststoffeimer, der mit

Decken umhüllt ganz ordentlich die Temperatur hält. Der Kunststoff muss allerdings genügend wärmebeständig sein.

Sehr gut geeignet sind rechteckige Gefäße aus Hostalen, z.B. mit der Bezeichnung „Fußbadeimer" mit Inhalt 20 l im Supermarkt erhältlich. Bei der rechteckigen Form kann auf einfache Weise ein gut isolierter Maischbottich gebaut werden, Styroporplatten dienen als Isolation.

Die Platten müssen für eine genügende Isolierwirkung aber entsprechend dick sein, wenigstens 3 cm, besser 5 cm. Wichtig: Auch der Boden muss isoliert werden. Oben drauf kommt ebenfalls eine Styroporplatte. Eine gute Lösung ist auch, einen Pappkarton mit auf Alufolie aufgezogener Steinwolle auszukleiden (Alufolie zur Bottichseite hin), als Deckel wird wieder eine Styroporplatte verwendet.

Neben dem Maischbottich brauchen Sie beim Dekoktionsverfahren noch eine „Maischpfanne", einen Topf zum Abkochen der Teilmaischen. Hierfür ist natürlich der Einmachkessel verwendbar, aber es genügt auch ein kleinerer Topf (siehe Tabelle Seite 60), damit arbeitet es sich leichter als mit dem schweren Kessel.

Es bietet sich an, den oben beschriebenen Maischbottich wie auf Seite 65 skizziert als Maisch- und Läuterbottich auszubilden. Zum Würzekochen kommt dann wieder der Einmachtopf zum Einsatz.

Als Wärmequelle wird zumeist der Küchenherd in Frage kommen. Allerdings ist die Küche dann pro Sud mehrere Stunden blockiert. Wenn Sie dies vermeiden wollen, benötigen Sie eine unabhängige Wärmequelle. Eine elektrische Heizplatte mit 1500 Watt Heizleistung kostet wenige Euro. Ein Tauchsieder ist billiger, aber wie erwähnt, wenig geeignet. Es ist sehr zu empfehlen, die Töpfe zum Maischen und Würzekochen bestmöglich gegen Wärmeabstrahlung zu isolieren. Das kann mit Wolldecken geschehen oder mit Styroporplatten. Bei der Verwendung von Styroporplatten entsteht jedoch sehr viel Abfall. Die Skizze auf Seite 69 zeigt den Aufbau einer **Kochkiste** mit Glaswolle als Isoliermittel. Besonders komfortabel, aber entsprechend teuer (ab 100 Euro) ist ein thermostatisch geregelter Elektrokochtopf.

Wenn Sie dann Gefallen am Bierbrauen gefunden haben, so werden Sie sicher überlegen, doch zu den etwas teureren aber auch halbprofessionellen Geräten zu greifen, die im Hobbybrauerbedarfshandel angeboten werden. Als Wärmequelle bietet sich bei größeren Anlagen ein Gaskocher an, wie er etwa auf Jahrmärkten verwendet wird, z.B. als „Paellakocher". Mindestens 100 Euro kosten schon die kleineren Geräte. Edelstahlkessel ab 50 l kommen dann schon auf 250 Euro aufwärts. Selbst richtige Kleinbrauereien werden angeboten unter Bezeichnungen wie „Braumeister" oder „Brauеule". Die Kosten belaufen sich dann auf weit über 1000 Euro, und nach oben sind fast keine Grenzen gesetzt.

Tipp: Für jedes verwendete Gefäß gilt: Messen Sie mit Hilfe eines Messbechers jedes von Ihnen verwendete Gerät genau aus und erstellen Sie eine Tabelle, die angibt, wie groß der Abstand von der Flüssigkeitsoberfläche bis zum oberen Rand des Gefäßes bei bestimmtem Inhalt ist. So müssen Sie nicht bei jedem Sud neu mit dem Messbecher Liter für Liter einfüllen, sondern können bequem mit dem Metermaß den Inhalt kontrollieren!

Das Abläutern

Nach dem Maischen müssen die ungelösten Bestandteile des Malzes, die Treber, von der Bierwürze getrennt werden. In der Brauerei geschieht dies traditionell im Läuterbottich oder im kombinierten Maisch- und Läuterbottich. Das sind große Bottiche mit der Abläutereinrichtung, einem Senkboden. Dieser besteht aus Platten aus Kupfer, Messing oder Bronze. Früher hatten diese Platten je qm rund 80 000 Löcher von 0,8 mm Durchmesser. Aus produktionstechnischen und hydraulischen Gründen enthalten die Senkbodenplatten heute Schlitze, und zwar etwa 2500 je qm. Ein Schlitz ist 0,7 mm breit und 20 bis 30 mm lang. Die Maische wird in den Läuterbottich gepumpt und dort zunächst rund ½ Stunde in Ruhe gelassen – die Treber setzen sich in dieser Zeit teilweise als Bodenteig auf den Senkboden ab. Werden nun die Läuterhähne unter dem Senkboden geöffnet, so wirkt dieser Bodenteil als Filterschicht, die Würze fließt weitgehend klar ab – geläutert, daher der Begriff abläutern. Wenn nun ein Gutteil der Würze abgelaufen ist, wird „angeschwänzt", d. h. der Nachguss wird über die Treber gesprüht, um die dort zurückgebliebenen Zucker vollends zu lösen und für die Bierherstellung zu gewinnen. Um eine gute Lösung des Zuckers zu erreichen, wird heißes Wasser genommen.

Höher als 80 °C (in der Praxis 78 °C) sollte die Temperatur des Nachgusses aber nicht sein, weil sonst unverzuckerte Stärke mit aus dem Treber gewaschen wird und später im Bier Trübungen hervorruft.

Heute wird das traditionelle Abläuterverfahren mit Hilfe des Läuterbottichs immer mehr durch Maischefilter-Systeme ersetzt, die ein schnelleres und gleichmäßigeres Abläutern ermöglichen, und die es vor allem erlauben, auch Maische aus feiner gemahlenem Malz mit kurzer Läuterdauer zu verarbeiten – und fein gemahlenes Malz bringt eine bessere Ausbeute als das gröber geschrotete, das der Läuterbottich erfordert.

Wichtig: Das Abläuterverfahren ist von größter Bedeutung für die Wirtschaftlichkeit des Bierbrauens. Aber auch über die Wirtschaftlichkeit hinaus ist das Abläutern von größter Wichtigkeit: Fehler führen häufig zu kaum mehr reparablen Beeinträchtigungen des Bieres, zu Trübungen oder einfach zu geringer Stammwürze.

Auch Hobbybrauer müssen diesem zentralen Problem der Braukunst größte Aufmerksamkeit widmen.

Es gibt die verschiedensten Vorschläge, wie Hobbybrauer das Abläutern bewerkstelligen können: solche, die sich am klassischen System des Läuterbottichs orientieren und solche, die eher das Filtern zum Vorbild haben.

Der einfachste Weg wäre natürlich, die Würze durch ein Sieb zu filtrieren. Zum Anschwänzen wird dann Wasser nachgegossen.

Dieses Verfahren hat viele Nachteile, denn:

- ein Sieb hat zu große Löcher, die Filterwirkung ist so schlecht, dass die Würze nicht klar genug abläuft
- der Nachguss läuft so schnell ab, dass der Zucker nur unvollständig gelöst wird
- während der Läuterarbeit kühlt die Würze stark ab, dadurch steigt die Viskosität (Zähflüssigkeit), das Abläutern dauert dadurch lange
- bei den niedrigen Temperaturen der abgekühlten Würze löst sich auch der Zucker langsamer

- schon 2,2 kg Malzschrot (Schüttung für 10 l Vollbier) ergibt soviel Treber, dass ein sehr großes Sieb erforderlich ist

Wird ein Tuch (Stoffwindel) in das Sieb gelegt, so ist die Filterwirkung wesentlich besser. Die Würze läuft fast klar ab. Da die Würze langsamer abläuft, wird auch die Ausbeute besser. Dafür dauert die Läuterzeit recht lange. Die Zeit lässt sich aber abkürzen, wenn zunächst im Maischbottich eine genügende Absetzzeit abgewartet wird, dann die klare Würze zuerst von oben klar abgeschöpft und durch das Siebtuch gegossen wird. Allerdings wird auch beim Abschöpfen wieder Treber aufgewirbelt. Besser ist es deshalb, die klare Würze mit einem Schlauch abzuziehen. Aber Vorsicht: Die Würze ist heiß, verbrennen Sie sich nicht den Mund. Beim Anschwänzen sollte dann das Wasser immer in kleinen Portionen (1 oder 2 l) zugegeben werden, die nächsten Portionen erst, wenn die Treberoberfläche wieder trocken erscheint.

Sehr bewährt ist die oft beschriebene Methode, ein Tuch an den Beinen eines umgedrehten Hockers entsprechend der nebenstehenden Skizze festzubinden. Aber auch hier ist die Ausbeute, besonders beim Anschwänzen, noch ungenügend.

Der Arbeitsweise der Brau-Profis am nächsten kommen jene Verfahren, bei denen ein Gefäß mit Ablasshahn verwendet wird. Solche Gefäße werden für verschiedene Zwecke und in verschiedenen Ausführungen angeboten, zumeist aber mit seitlich angebrachtem Hahn. Diese Bauweise ist aber für den Ablauf der Würze nicht günstig. Besser ist ein Bottich mit einem Ablasshahn am Boden. Im Handel sind durchaus geeignete Geräte erhältlich, aber der **Selbstbau eines Läuterbottichs** ist auch nicht schwierig:

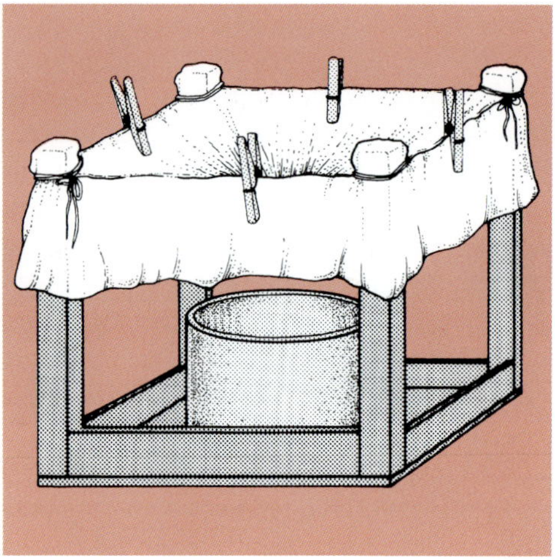

Ein auf den Kopf gestellter Hocker lässt sich leicht zu einem Filter umbauen. Als Tuch ist eine Stoffwindel sehr gut geeignet.

Zunächst benötigen Sie einen Kunststoffbehälter in der Größe des Maischbottiches. Da der Läuterbottich ebenfalls gut gegen Wärmeverluste isoliert sein muss, bietet es sich an, gleich nach dem Vorbild der Brauereien den Maischbottich zum kombinierten Maisch- und Läuterbottich auszugestalten. Besorgen Sie sich als Erstes einen Kunststoffhahn oder einen Schlauchnippel. Besonders günstig ist eine „Ablassgarnitur“ für Glasballons, da das verwendete Gerät so wenig wie möglich in den Maischraum hineinragen sollte. Dann bohren Sie ein dem verwendeten Hahn entsprechendes Loch. Nach hydraulischen Gesichtspunkten wäre es am günstigsten, dieses Loch genau in der Mitte des Eimers anzubringen. Allerdings ist es dann schwierig, den Bottich standfest aufzustellen. Zu Gunsten der Standfestigkeit wird das Loch am Rand, bei rechteckigen Behältern in der Mitte einer Schmalseite angebracht. Die Bodenschicht des Isoliermantels wird an der passenden Stelle ebenfalls durchbohrt und ein Schlauch aus Gummi oder Kunststoff durchgeführt. Dann wird noch ein Hähnchen (sehr günstig das Durchlaufhähnchen von Arauner) angebracht.

Im Bottich muss nun eine Vorrichtung angebracht werden, die die Treber vom Auslauf zurückhält, aber durchgängig genug ist, um ein schnelles Abläutern zu ermöglichen. Es gibt verschiedene Möglichkeiten. Wenig überzeugend erscheint der Vorschlag, ein Bündel Heu als Filter vor den Auslauf zu binden (John Seymour: Leben auf dem Lande). Besser geht es mit einem Tuch, das so am Eimerrand festgemacht wird, dass zwischen dem Boden des Eimers und dem Tuch

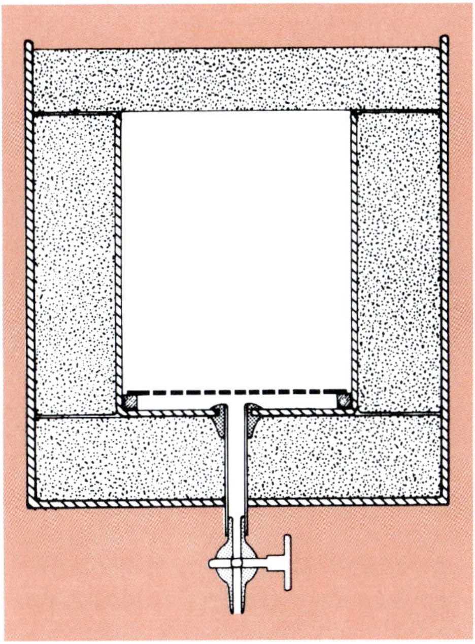

Isolierter Maisch- und Läuterbottich: Ein Pappkarton wird mit Styroporplatten oder Mineralwolle ausgekleidet, so dass der Bottich gerade hineinpasst. Im Behälter liegt der Senkboden.

in jedem Fall noch ein Zwischenraum bleibt. Das funktioniert ganz gut, wenn das Gerät nur als Läuterbottich verwendet wird. Hinderlich ist das Tuch aber, wenn im selben Bottich auch gemaischt, also auch gerührt werden muss. Bewährt hat sich dafür eine gelochte Einlage nach Art des Senkbodens. In Frage kommt eine Kunststoff- oder Metallplatte (Kupfer oder Messing), in die Löcher gebohrt werden. Dabei ist es umso besser, je kleiner und zahlreicher die Löcher sind – wie erwähnt weisen Senkböden in Brauereien bis zu 80 000 Löcher je qm auf bei einem Durchmesser von 0,8 mm. Dies würde bei einer Fläche von 28 × 23 cm (passend für Hostalen-Behälter) rund 5200 Löcher bedeuten – mit der Heimwerker-Bohrmaschine Arbeit für mehrere Tage. Für den Hobby-Senkboden genügt aber bedeutend weniger Durchgangsfläche, beträgt doch die „spezifische Schüttung" (die Malzmenge je qm Senkbodenfläche) nur vielleicht 20 % von dem, was in der Brauerei üblich ist, mithin fließt die Würze auch bei geringer Durchgangsfläche genügend schnell ab. Wird weiter ein größerer Loch-Durchmesser gewählt (1,5 mm sind noch akzeptabel), so genügen schon rund 500 Löcher für die Fläche von 28 × 23 cm. Und die haben Sie in einer Stunde gebohrt! Wenn Sie diese Arbeit aber einmal gemacht haben, so geht später das Läutern sehr einfach und ohne dass Sie ständig dabei bleiben müssen.

Die Platte wird auf einen Rahmen aus Holzleistchen geschraubt. Dieser Rahmen stellt den Abstand zum Gefäßboden sicher, der im Idealfall 8–12 mm betragen soll. Wenn aber das Auslaufstück zu stark aufträgt, so wird man einen größeren Abstand brauchen, bis 23 mm gelten als tolerierbar. Der Rahmen verhindert auch, dass Treber

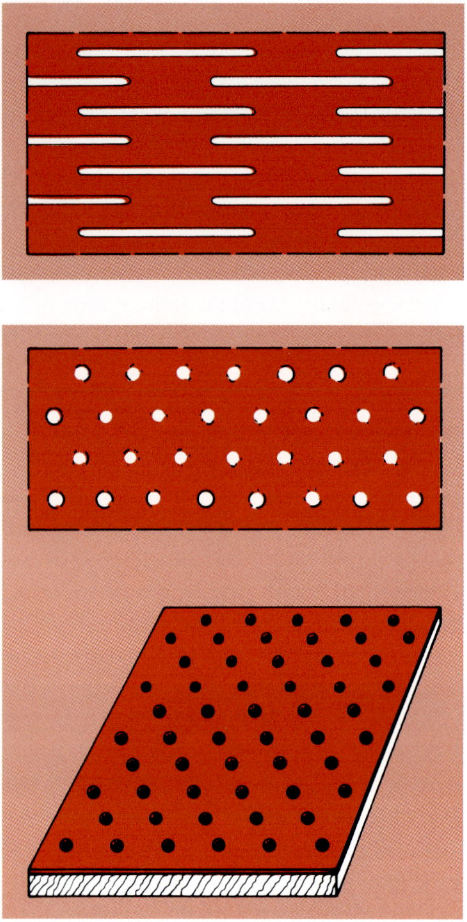

Die Skizze zeigt oben einen Senkboden, wie er heute in Brauereien fast ausschließlich verwendet wird. Die Skizze darunter zeigt die Anordnung der Löcher in einem Hobbybrauer-Senkboden. Ganz unten dann der komplett montierte Senkboden.

zwischen Platte und Gefäßwand hindurch in den Raum unter den Senkboden und dann doch in die „Würzepfanne“ gelangen. Mit diesem Läuterbottich – ob mit Tuch-Einsatz oder Senkboden – arbeiten Sie am zweckmäßigsten so:

Nachdem die letzte Kochmaische in den Bottich zurückgegeben wurde (beim Infusionsverfahren nach dem Erreichen der obersten Temperaturstufe), die Maische ruhen lassen; nach 15 bis 30 Minuten haben sich die Treber abgesetzt. Nun wird zunächst der Hahn ganz geöffnet und etwa 2 l Würze werden abgelassen. Diese Würze wird noch trüb sein und wird daher vorsichtig, damit keine Treber aufgewirbelt werden, wieder in den Bottich zurückgegeben (den Deckel wieder auflegen, damit die Temperatur gehalten werden kann). Dieses „Vorschießen lassen“ so oft wiederholen, bis die Würze klar abfließt. Dann wird das Hähnchen nur leicht geöffnet, dass die Würze gerade noch abfließt. Öffnete man noch weiter, so würde sich der Treber zusammenziehen und die Wege der Würze verstopfen. Man wird die Würze zweckmäßigerweise gleich in den Topf fürs Würzekochen laufen lassen. Wenn nun der Würzestrom nachlässt und die Treber weitgehend trocken sind, wird der Hahn geschlossen. Die Treber werden mit dem Rührlöffel gelockert, gewissermaßen umgegraben. Nebenbei wird das Wasser für die Nachgüsse auf 78 °C erwärmt – nicht höher. Von diesem Wasser wird so viel auf die trocken gelaufenen Treber gegeben, dass die Treber wieder mit Flüssigkeit bedeckt sind. Man wird das Ganze zehn Minuten ruhen lassen, damit sich die verbliebenen Zucker lösen können. Sodann beginnt die Prozedur des „Vorschießen lassens“ wieder; wenn die Würze klar abläuft, wird abgeläutert, bis die Treber wieder fast trocken sind. Der Vorgang wird so oft wiederholt, bis das gesamte Nachguss-Wasser verbraucht ist. Jedes Mal die Nachgüsse zehn Minuten einwirken lassen, damit der Zucker Zeit hat, sich im Wasser zu lösen.

Der gesamte Abläuterungsvorgang kann so 2 bis 3 Stunden dauern, wovon etwa die Hälfte auf den Nachguss entfällt. Der Extraktgehalt der Würze sinkt von Guss zu Guss ständig, die „Vorderwürze" (vor dem ersten Nachguss) kommt noch auf nahezu 20 %, nach dem letzten Nachguss werden noch gerade 2 % oder noch weniger erreicht.

Die ausgelaugten Treber sind übrigens ein vorzügliches Viehfutter. Wer aber weder Kuh noch Schwein noch Huhn sein eigen nennt, der sollte die Treber wenigstens kompostieren und so dem Naturkreislauf wieder zuführen.

Auf keinen Fall sollte diese wertvolle Substanz auf den Müll wandern. Wenn Sie keinen Garten besitzen, wird doch in jedem Fall irgendein Bekannter dankbarer Abnehmer für Ihren „Abfall" sein.

Eine sehr interessante Verwendungsmöglichkeit für den Treber bietet sich beim Brotbacken: 500 g Treber und 1500 g Mehl werden zu einem Brotteig verarbeitet. Durch den hohen Anteil von Zucker und die Fähigkeit der Enzyme „geht" der Teig bei normaler Hefegabe sehr gut. Bedenken Sie aber: Der Treber enthält immer noch beträchtliche Mengen an Wasser, daher darf dem Teig nur noch sehr wenig Flüssigkeit zugegeben werden. Das Brot erinnert sehr an Schrotbrot, allerdings können die Treberteile auch unangenehm hart in Erscheinung treten, daher sollte der Treberanteil nicht zu hoch sein. Auch der Bäcker gibt problematischen Mehlen zur Verbesserung des Backverhaltens „Backmalz" zu. Wenn Sie nun als Hobbybrauer schon Malz im Hause haben, so probieren Sie doch einmal ein Brot, das 5 bis 10 % fein geschrotetes Braumalz enthält. Dieses Brot wird sehr haltbar, rösch und gut gebräunt (die Zucker karamellisieren). Zuviel kann aber schädlich werden: Die Proteasen zerstören den Kleber des Mehls, die Krume wird daher glitschig. Auch verbrennt das Brot leicht.

Das Würzekochen

Nach dem Abläutern wird die Würze gehopft und gekocht. Mit dem Kochen werden verschiedene Ziele verfolgt:

- In der Würze gelöste Eiweißstoffe sollen gerinnen, sich als „Bruch" absetzen
- Enzyme und Kleinstlebewesen sollen zerstört, die Würze steril werden
- Es soll so viel Wasser verdampfen, dass sich die gewünschte Stammwürze einstellt
- Schließlich soll der Hopfen ausgekocht werden und dabei wertvolle Bestandteile an das Bier abgeben

Die Hopfengabe ist für den Erfolg des Würzekochens, für den Brauerfolg überhaupt, von größter Bedeutung. Die Dosierung des Hopfens entscheidet mit über den Biertyp; Biersorten werden auch geprägt durch die Höhe und Art der Hopfengaben. Allerdings ist es nicht möglich, allgemein auf das Gramm genau zu sagen, wie viel Hopfen gegeben werden muss, um ein bestimmtes Ergebnis zu erzielen, zu viele Einwirkungen spielen mit.

Es gibt Formeln und Tabellen, die helfen, die richtige Hopfenmenge zu ermitteln. Dabei werden berücksichtigt:

- Biersorte
- Alphasäureanteil des Hopfenprodukts
- Ausbeute der Hopfengabe (Bitterstoffausbeute)

Für jede Biersorte wird ein Spielraum in „Bittereinheiten" (BE) angegeben. Wenn für Pils beispielsweise 30 bis 40 BE angegeben werden, so bedeutet dies, dass je nach angestrebter Geschmacksrichtung 33,3 % Spielraum sind!

Hopfen ist nicht gleich Hopfen, Sorte und Qualität, auch das Alter des Hopfens bewirkt, dass dasselbe Ergebnis mit ganz unterschiedlichen Hopfenmengen erzielt werden kann. Der Alphasäureanteil gibt an, wie konzentriert das jeweilige Produkt die Bitterstoffe enthält. Eine gute Bezugsquelle für Hopfen erkennt man auch daran, dass diese Angabe verfügbar ist!

Die **Bitterstoffausbeute** hängt vom verwendeten Produkt (Dolden, Pellets, Extrakt) und von den Betriebsbedingungen ab.

Die Hopfenmenge kann schwanken von 10 g bis 60 g je 10 l Fertigbier und ist ebenfalls abhängig von jenen Faktoren, die untenstehende Tabelle zeigt.

Am entscheidendsten für die Dosierung des Hopfens ist natürlich der Geschmack desjenigen, der das Bier trinken wird. Brauereien werden daher peinlich den Publikumsgeschmack zu beachten versuchen, der Hobbybrauer dagegen wird ein Bier anstreben, das seinem persönlichen Geschmack am nächsten kommt. Im Rahmen der oben genannten Abgrenzungen wird man mit 20 bis 40 g je 10 l Bier einen Versuch wagen und sich dann durch kleine Veränderungen von Brauversuch zu Brauversuch an das Optimum herantasten.

Die entwickelten Formeln und Tabellen sind eine wichtige Informationsquelle, um die für eine bestimmte Bierqualität notwendige Hopfenmenge festzulegen. Zu glauben, man habe hiermit eine wissenschaftlich exakte mathematisch begründete Rechenmethode, führt jedoch in die Irre. Auf den Abdruck derartiger Rechenhilfen wird in diesem Buch daher bewusst verzichtet. Die unter „Bierrezepte“ genannten Hopfenmengen sind wie auf Seite 93 erläutert zu variieren.

Die so ermittelte Hopfenmenge wird der Würze im Allgemeinen nicht auf einmal zugegeben, sondern in mehreren Teilen. Jeder Brauer schwört auf seine Methode, und tatsächlich lassen sich für jede Art der Hopfengabe gute Gründe anführen.

Wird der Hopfen in zwei Teilen angegeben, so wird man den ersten Teil, etwa zwei Drittel der Gesamt-Hopfen-Menge, kurz vor oder kurz nach dem Beginn des Kochens zugeben, das restliche Drittel nach etwa einer Stunde. Wenn der Hopfen in drei Teilen zugegeben wird, so könnte man die Hälfte des Hopfens schon zusetzen, wenn die erste Würze vom Läutergerät in den Würzekocher läuft. Ein Viertel des Hopfens wird dann eine Stunde, das letzte Viertel eine halbe Stunde vor dem Ende des Würzekochens zugegeben. Die letzte Hopfengabe kurz vor Ende des Kochens gilt als besonders wich-

	hohe Hopfengabe	geringe Hopfengabe
Wasserhärte	weiches Wasser	hartes Wasser
Brauverfahren	Infusion	Dekoktion
Bierfarbe	helle Biere	dunkle Biere
Stammwürze	hoher Extrakt	niedriger Extakt
Vergärungsrad	hoch vergoren	betont malzig
Lagerzeit	lange Lagerdauer	kurze Lagerdauer

tig. Der so spät erst eingesetzte Hopfen wird zwar nur noch wenig von seinen Wirkstoffen an das Bier abgeben können, aber der Hopfengeschmack gilt in diesem Fall als besonders fein.

Zum Kochen wird der größte vorhandene Topf verwendet, also zumeist der Einkochapparat. Man beginnt mit dem Kochen der Würze zweckmäßigerweise etwa eine Stunde bevor das Anschwänzen beendet ist. Die Würze hat zu diesem Zeitpunkt noch wenig an Temperatur verloren, und man benötigt nicht so viel Energie, um die Würze auf Kochtemperatur zu bringen. Die Nachgüsse werden dann laufend der Würze zugegeben, so dass sie noch den größten Teil des Kochprozesses mitmachen. Die Würze muss stark strudelnd kochen, nur so werden die Ziele des Würzekochens erreicht.

Wichtig ist zudem, dass die entstehenden Dämpfe auch tatsächlich abgeführt werden; sie enthalten nämlich **Hopfenöle**, die dem Bier eine unangenehme Bittere verleihen. Aus diesem Grunde sind die Hauben der Würzepfannen in Brauereien so geformt, dass sie besonders strömungsgünstig in den Schlot münden, der, um einen besonders guten Zug zu erreichen, bis 20 m hoch sein kann. Der Hobbybrauer erreicht eine gute Abführung der Dämpfe dadurch, dass der Deckel vom Topf genommen wird, sobald die Würze zu kochen anfängt. So wird verhindert, dass die Dämpfe am Deckel kondensieren und wieder in die Würze zurückfließen. Außerdem verringert sich ohne Deckel die Gefahr des Überkochens der Würze, wie sogar ein wenig geübter Hausmann vom Kochen von Teigwaren her wissen sollte. Allerdings ist die Wärmeabstrahlung bei fehlendem Deckel sehr groß, es muss daher viel Energie eingesetzt werden. Es kann

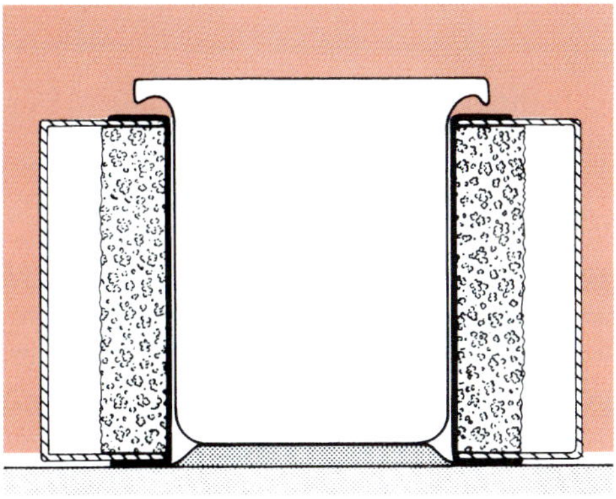

Kochkiste: In Deckel und Boden eines großen Kartons werden zwei kreisrunde Löcher geschnitten, deren Durchmesser den des Topfes um wenige Millimeter übertrifft. Das „Loch" wird mit Steinwolle („Isover") ausgekleidet. Das Ganze wird auf den Herd gestellt und der Topf hinein geschoben. Diese Kochkiste erbringt auch bei anderen Arbeiten beträchtliche Energieeinsparungen, beim Einkochen von Konfitüre oder beim Pasteurisieren von Fruchtsäften zum Beispiel.

sein, dass daher die Heizleistung der Elektroplatte, des Elektrotopfes oder auch der Gasflamme nicht ausreicht, um das notwendige Strudeln hervorzurufen.

Bei sehr großen Würzepfannen in Großbrauereien entstehen ähnliche Schwierigkeiten, wenn auch aus anderen Gründen: Es ist eine mathematische Gesetzmäßigkeit, dass die Flüssigkeitsmenge bei größeren Pfannen in der 3. Potenz zunimmt, die Heizfläche dagegen nur im Quadrat. In diesem Fall werden in der Würzepfanne zusätzliche Heizschlangen angebracht, um die Energiezufuhr zu erhöhen. Der Hobbybrauer kann ähnlich vorgehen und sich eines Tauchsieders als Zusatz-Wärmequelle bedienen. Besonderer Vorteil des Tauchsieders ist, dass die Heizenergie fast verlustfrei auf die Würze übertragen werden kann.

Während der Zeit des Kochens wird sich die nach dem Abläutern fast klare Würze trüben; es bildet sich der **Bruch**. Das sind mehr oder weniger große Eiweißgerinnsel verbunden mit Hopfenteilchen. An der Bruchbildung kann man erkennen, ob das Würzekochen noch fortgesetzt werden muss. Das Würzekochen dauert gewöhnlich 1½ bis 2, höchstens 2½ Stunden, gerechnet von dem Zeitpunkt an, da die Würze zum Strudeln kommt. Zu lange darf das Würzekochen aber nicht ausgedehnt werden, weil sonst die Gefahr besteht, dass der Bruch wieder verkocht, wieder in Lösung geht. Wenn das Bier unter Zusatz von Zucker oder Zuckercouleur gebraut wird, so werden diese spätestens ¼ bis ½ Stunde vor Ende des Kochens zugegeben.

Das Hopfenseihen

Nach dem Hopfenkochen müssen die Hopfenreste von der Würze getrennt werden. Es gibt hierfür besondere Hopfenseiher (Arauner), aber es genügt vollkommen, wenn ein Sieb mit einem doppelt gefalteten Siebtuch (Stoffwindel) ausgelegt wird. Als Siebtuch sollte man in jedem Fall ein frisches Tuch nehmen, keinesfalls das Tuch, das schon vorher beim Abläutern verwendet wurde (Siebtücher sollten übrigens möglichst steril sein, daher immer mit dem Kochwaschgang gewaschen werden). Dann wird sofort nach dem Kochen die Würze aus dem Würzekochtopf geschöpft und durch das Siebtuch gefiltert. Am Anfang rinnt die Würze noch sehr schnell durch das Tuch, langsam aber sammeln sich Hopfentrub und die beim Würzekochen entstandenen Eiweißgerinnsel im Tuch. Im Lauf des Filterns wird die Trubschicht so dicht, dass die Würze immer langsamer durchläuft. Die „Kapazität“ des Filters ist also beschränkt, aber für rund 20 l Würze reicht der beschriebene Filtrierapparat aus, bei größeren Mengen muss das Tuch ausgewechselt werden. Die Würze sollte jetzt völlig klar in den Kühlbehälter fließen, erst im Verlauf der Abkühlung wird sich, wie wir noch sehen werden, erneut eine Trübung einstellen.

Kühlen der Würze

Nach dem Hopfenseihen hat die Würze immer noch eine Temperatur von 80 bis 90 °C. Jetzt muss die Würze so schnell wie möglich auf Gärtemperatur gebracht werden, das sind bei untergäriger Brauweise 4 bis 7 °C, bei obergäriger 15 bis 20 °C. Ein möglichst schnelles Abkühlen ist aus mehreren Gründen notwendig:

- Das Bier enthält immer noch Bestandteile, die sich später als Trübung ausscheiden könnten. Ein schnelles Abkühlen lässt diese Bestandteile ausfallen, sie sind dann endgültig aus dem Bier entfernt
- Im Bereich von 40 bis 20 °C entwickeln sich Bierschädlinge ganz besonders gut, dieser Bereich muss schnell durchlaufen werden

In Brauereien erfolgt der erste Teil der Kühlung – bis etwa 60 °C – im **Kühlschiff**. Das ist ein (zumeist eisernes) Becken, das so bemessen ist, dass die Würze nur etwa 10 bis 20 cm hoch darin steht. Dadurch ergibt sich andererseits eine große Oberfläche, die günstig ist für eine gute Wärmeabstrahlung und damit für die Abkühlung. Außerdem bedeutet eine große Oberfläche auch eine entsprechende Luftberührung und damit eine große Sauerstoffaufnahme. In sauerstoffhaltiger Würze vermehren sich die Hefen besonders schnell, was eine gute Vergärung sicherstellt. Die Würze bleibt ein bis zwei Stunden auf dem Kühlschiff und kühlt sich dabei auf etwa 60 °C ab. In diesem Bereich scheidet sich auch zunächst der „Heißtrub" ab, der beim Ablassen im Kühlschiff verbleibt. Die Würze fließt über ein Kühlsystem weiter zum Gärkeller. Dabei wird die Gärtemperatur erreicht und zudem bildet sich der Kühltrub, der durch eine weitere Filtration aus dem Bier entfernt wird.

Das beschriebene Verfahren entspricht der traditionellen Arbeitsweise. Heute versucht man häufig, auf das Kühlschiff zu verzichten. Der Grund liegt im enormen Platzbedarf der Kühlschiffe (es gibt Geräte mit bis zu 150 qm Fläche) und in der Infektionsgefahr, die die große Oberfläche mit sich bringt. Stattdessen werden daher zunehmend andere Systeme verwendet, so etwa leistungsfähigere Kühler, (geschlossene) Setzbottiche, Zentrifugen, Filter und Trubscheider (Whirlpools).

Für den Hobbybrauer ist das Kühlen aber kein großes Problem, sind doch wesentlich geringere Mengen zu bearbeiten. So wird man auf eine dem Kühlschiff und dem Kühler entsprechende Einrichtung verzichten können und stattdessen so vorgehen: Nach dem Hopfenseihen läuft die Würze gleich in einen Kunststoffeimer, der in einer Wanne mit kaltem Wasser steht. Das Wasser wird jeweils erneuert, wenn es sich fast (10 bis 20 °C) auf die Temperatur der Würze erwärmt hat. Man sollte also immer zwei Thermometer verwenden, eines für die Bierwürze und eines für das Kühlwasser. Das erwärmte Wasser sollten Sie natürlich nicht in den Ausguss schütten, sondern zum Reinigen der Geräte oder wenigstens zum Blumengießen verwenden.

Wenn die Würze bis etwa 40 °C abgekühlt ist, wird neben dem Kaltwasser noch ein besonderes Kühlgerät eingesetzt: Zwei oder drei Kunststoff-Mineralwasserflaschen werden zunächst sorgfältig außen gereinigt, Etikett und Leimreste werden entfernt. Dann wird bis etwa 5 cm unter die Flaschenmündung eine Lösung aus jeweils 100 g Salz und 0,9 l Wasser eingefüllt und das Ganze einen Tag in die Tiefkühltruhe gestellt.

Wenn Sie keine Truhe, sondern einen Tiefkühlschrank oder einen Kühlschrank mit Eisfach besitzen, so müssen Sie die Flaschen natürlich legen. Damit (trotz geschlossenem Verschluss) keine Sole ausläuft, sollten die Flaschen in einen Gefrierbeutel gepackt werden. Bevor dann die Flaschen in die Würze gestellt werden, müssen sie noch leicht unter kaltem Wasser von Resten des übergelaufenen Salzwassers gesäubert werden. Die Würze wird so in längstens zwei Stunden auf 20 °C abgekühlt sein. Verbessert wird die Kühlung in der kalten Jahreszeit durch Öffnen der Fenster.

Im Zubehörhandel sind auch semiprofessionelle Eintauchkühler erhältlich: Eine Rohrschlange wird in die Würze gehängt und an den Wasserhahn angeschlossen. Das Leitungswasser mit seiner Temperatur von 8 °C bewirkt eine effiziente Kühlung. Ein kleiner Schönheitsfehler ist der Wasserverbrauch. Aber da ja angewärmtes Wasser produziert wird, haben wir gleich wieder Wasser zu Reinigung der Geräte – und die Küche muss nach einem Sud auch gereinigt werden!

Sobald die Würze die Gärtemperatur erreicht hat, sollte eine weitere und letzte Filtration durchgeführt werden, und zwar wieder durch ein frisches Siebtuch. Diese Filtration wird den gröber strukturierten Heißtrub weitgehend aus dem Bier entfernen. Der Kühltrub dagegen ist feiner strukturiert, man sprach deshalb auch früher von Grobtrub und Feintrub. Der Kühltrub wird daher zum Teil in der Würze verbleiben. Das ist auch anzustreben, denn während Heißtrub sich sehr nachteilig auf die Hefen auswirkt, verbessern geringe Mengen von Kühltrub offenbar den Geschmack des Bieres. Gelegentliches Umrühren fördert übrigens die Trubausscheidung, insbesondere werden dadurch Heißtrubteilchen aufgerührt und nehmen beim Absinken die kleineren Kühltrubteilchen mit sich.

Beim Kühlen verdunstet übrigens noch einiges Wasser, was einerseits das Kühlen begünstigt, andererseits erhöht sich dadurch noch der Extraktgehalt um bis zu 1%, im Normalfall aber wohl um 0,5%.

Berechnung von Ausbeutesätzen

Die Ausbeute gibt mit einer einfachen, leicht fassbaren Größe an, mit welchem Erfolg die Umwandlung der Stärke in Zucker und die Überführung des Zuckers in die Bierwürze bei der Sudhausarbeit erreicht worden ist.

Die erzielte Ausbeute spielt für den wirtschaftlichen Erfolg einer gewerblichen Brauerei eine wichtige Rolle, hängt doch das Verhältnis zwischen den Kosten für die eingesetzten Malze und den erzielten Verkaufserlösen für das fertige Bier ganz wesentlich vom Ausbeutesatz ab. Ein Beispiel soll dies verdeutlichen: Wenn eine mittelgroße Brauerei mit einem Umsatz von 10 Mio. € den Ausbeutesatz von 73 auf 74% erhöht, so bedeutet das, dass aus der gleichen Malzmenge Bier im Verkaufswert von 137000 € zusätzlich erzeugt wird.

Für die Hobbybrauer spielen diese finanziellen Überlegungen natürlich nur eine untergeordnete Rolle. Trotzdem sollte nach jedem Sud der Ausbeutesatz ermittelt werden, um Fehler beim Maischen, beim Abläutern und Filtrieren sofort erkennen zu können. Der Bierbrauer kennt zwei Ausbeutewerte: Die **Sudhausausbeute** wird ermittelt nach dem Würzekochen, vor dem Entfernen des Hopfentrubes und dem Kühlen. Die **Gärkellerausbeute** wird nach dem Abkühlen der Würze ermittelt, bevor die Hefe zugegeben wird. Zur Berechnung der Ausbeute müssen möglichst genau der Extraktgehalt und die Würzmenge bestimmt werden. Schon kleine Ungenauigkeiten können große Fehler bewirken.

In Brauereien wird vorwiegend die Sudhausausbeute bestimmt, weil es dort einfacher ist, die Würzemenge in der geeichten Würzepfanne zu bestimmen als in den ungleich großen Gärbottichen. Da die Würze fast kochend heiß ist, nimmt sie ein größeres Volumen ein als bei 20 °C. Zusammen mit anderen Faktoren (Ausdehnung der Pfanne bei höherer Temperatur, Volumen des Hopfens) ergibt sich eine Abweichung von durchschnittlich 4% zwischen dem Volumen der heißen Würze und dem Wert, der in die Ausbeuterechnung einzusetzen ist. Man multipliziert daher die Literzahl der heißen Würze mit 0,96, bevor man die auf Seite 73 angegebene Formel ① verwendet. Formel ② geht vom Gewicht aus, deshalb ist die Korrekturrechnung in diesem Fall nicht notwendig. Streng genommen müsste noch die Hopfengabe abgezogen werden, aber die paar Gramm liegen unter der Messgenauigkeit. Hobbybrauer werden leichter die Gärkellerausbeute bestimmen. Man wird Menge und Extraktgehalt bei 20 °C ermitteln und so keine Umrechnungen vornehmen müssen. Daher wird auf dieses Verfahren genauer eingegangen: Der Extraktgehalt wird wie auf Seite 17 beschrieben mit der Würzespindel gemessen, wobei die Temperaturkorrektur nicht vergessen werden darf (siehe Abbildung Seite 18).

$$\text{①}\quad \frac{\text{Würzemenge (l)} \times \text{Extraktgehalt (\%)} \times \text{Artgewicht}}{\text{Malzschüttung (kg)}} = \text{Ausbeute (\%)}$$

$$\text{②}\quad \frac{\text{Würzemenge (kg)} \times \text{Extraktgehalt (\%)}}{\text{Malzschüttung (kg)}} = \text{Ausbeute (\%)}$$

Die Würzemenge kann natürlich mit einer Messlatte ermittelt werden (Tipp Seite 62 beachten) oder auch besonders einfach, wenn ein Gefäß mit Messskala verwendet wird. Die Ausbeute wird nach Formel ① berechnet. Das Artgewicht lässt sich, abhängig vom Extraktgehalt, aus der Tabelle auf Seite 16 ablesen.

Noch einfacher wird die Angelegenheit, wenn die Würzemenge nicht in l, sondern nach dem Gewicht bestimmt wird. Die Würze wird gewogen, das Gewicht des Behälters abgezogen und der verbleibende Betrag in Formel ② eingesetzt.

Wie schon erwähnt, erreichen Brauereien eine Sudhausausbeute um 75 %, allerdings ergeben sich beträchtliche Abweichungen je nach Malzqualität und Biersorte. So wird man bei einem hellen Starkbier trotz sorgfältigstem Vorgehen immer eine schlechtere Ausbeute erhalten, weil der verhältnismäßig geringe Nachguss nicht mehr so viel Zucker aus den Trebern löst wie dies bei großem Nachguss möglich ist. Im Übrigen wird es dem Hobbybrauer kaum möglich sein, die Ausbeute einer gewerblichen Brauerei zu erreichen, ganz besonders beim Abläutern kann die Brauerei vorteilhafter arbeiten.

Die Gärkellerausbeute liegt 1 bis 3 % unter der Sudhausausbeute, also über 70 %, aber unter 75 %.

Welche Schlüsse sind aus wesentlich darunter liegenden Ausbeuten zu ziehen? An sich sind alle möglichen Ursachen für eine schlechtere Ausbeute an den entsprechenden Textstellen schon erwähnt, daher nachfolgend eine Aufzählung möglicher Maßnahmen zur Verbesserung der Ausbeute:

- Malz feiner schroten, wenn er bisher zu grob war, oder weniger fein schroten, wenn er bisher zu fein war
- Vormaischen: Malzschrot mit Wasser ansetzen und über Nacht stehen lassen
- kalt einmaischen
- bei Infusionsverfahren Temperaturstufen länger halten
- Teilmaischen länger kochen und damit auch längere Enzympause der Bottichmaische einhalten
- statt Infusionsverfahren Einmaischverfahren, statt Einmaischverfahren Zweimaischverfahren, statt Zweimaischverfahren Dreimaischverfahren anwenden
- prüfen, ob eine Temperaturstufe ganz ausgelassen wurde

- beim Maischen öfter und gründlicher umrühren
- Hauptguss verkleinern, Nachguss vergrößern
- Läuterbottich waagrecht aufstellen, so dass die Treberschicht überall gleich dick ist
- Abmaischtemperatur erhöhen (keinesfalls über 80 °C)
- Würze beim Abläutern langsamer ablaufen lassen
- jeweils nächsten Nachguss erst aufgießen, wenn Treber gut trocken gelaufen sind
- zwischen den Nachgüssen Treber auflockern
- Anschwänzwasser heißer wählen (keinesfalls über 80 °C)
- Abkühlung beim Abläutern verhindern, Isolierbehälter verwenden
- Treber vollständig entwässern
- Würze nicht überkochen lassen
- Hopfentreber vollständig entwässern
- Kühltrub vollständig entwässern

Die Gärung

Die Hauptgärung

Nach dem Kühlen der Würze und möglicherweise einer Filtration zur Entfernung des Kühltrubes wird der Bieransatz in einen **Gärbehälter** gegeben. Es ist hierfür eigentlich jedes oben offene Gefäß verwendbar, das aus einem Material besteht, das vom Bier nicht angegriffen wird. In Brauereien wurden früher Gärbottiche aus Holz verwendet, heute werden Bottiche gebaut aus rostfreiem Stahl, aus emailliertem Eisen oder aus Aluminium. Hobbybrauer werden wohl Kunststoffeimer verwenden. Wer einen Läuterbottich nach der Anleitung auf Seite 65 gebaut hat, hat dann auch gleichzeitig einen vorzüglichen Gärbehälter. Er muss allerdings ohne den Isoliermantel verwendet werden, denn der würde die bei der Gärung entstehende Wärme im Bier halten, sie sollte aber abgeführt werden.

Natürlich sollte beim Läuterbottich der Auslass am Boden angebracht werden, am Gärbehälter jedoch besser an einer Seitenwand. Wer also so oft braut, dass sich ein spezieller Gärbottich lohnt, der wird diese Bauart wählen und so erreichen, dass das Bier sauber über dem Hefesatz abgezogen wird und die Hefe im Bottich bleibt. Der Auslass sollte etwa 1,5 cm über dem Boden angebracht werden.

Der Gärbottich wird in einen günstig temperierten Raum gebracht, bei Obergärung

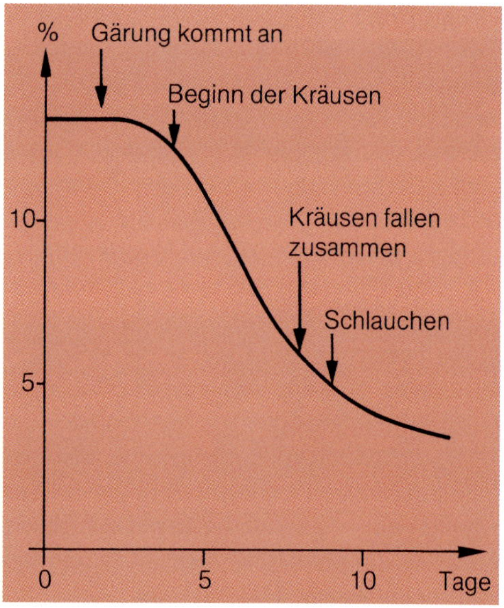

So, wie dieses Schaubild wiedergibt, verändert sich der scheinbare Extraktgehalt eines Bieres im Verlauf der Gärung.

sind 15 °C ideal, bis zu 20 °C sind akzeptabel. Bei Untergärung sollten 4 bis 0 °C angestrebt werden, aber knapp über 10 °C machen untergäriges Brauen nicht unmöglich. Man kann den Gärbehälter natürlich auch in einen Kühlschrank stellen und so ideale Bedingungen sichern, aber dazu brauchen Sie einen eigenen Kühlschrank fürs Bierbrauen, denn der Haushaltskühlschrank wäre über Wochen hinweg weitgehend blockiert. So dürfte es besser sein, der Jahreszeit angepasst zu brauen, wie auf Seite 34 näher beschrieben.

Der Gärbehälter lässt sich auch dadurch kühl halten, dass er in eine mit Wasser und Eisstücken gefüllte Wanne gestellt wird. Leider sind Eisstangen in Brauereien und Getränkegroßhandlungen kaum mehr zu erhalten, weil Fassbier nicht mehr mit Eis gekühlt wird, sondern mit Hilfe von Durchlaufkühlern.

Sofort, wenn die Würze die Gärtemperatur erreicht hat, wird die Hefe zugesetzt und gut umgerührt. Ein guter Gärerfolg setzt voraus, dass die Hefe schon einige Stunden zuvor wie auf Seite 34 beschrieben angestellt und vermehrt wird. Im Verlauf eines Tages, spätestens nach zwei Tagen, wird sich zeigen, dass die Gärung „angekommen" ist: Es bildet sich eine cremige, weiße Schaumschicht auf der Würze.

Die Bierspindel kann während der gesamten Hauptgärung im Bier bleiben. Jetzt zeigt sich die erste Veränderung des Bieres deutlich: Die Spindel sinkt langsam ins Bier ein, der Extraktgehalt geht scheinbar zurück. Zucker verwandelt sich in Kohlensäure, die als Gas das Bier verlässt, und in Alkohol. Während Zucker schwerer ist als Wasser und folglich das Artgewicht der Würze erhöht, ist Alkohol leichter als Wasser – die Bierspindel zeigt im Verlauf der Gärung einen immer geringeren Wert an. Der Alkoholgehalt des Bieres lässt sich näherungsweise aus dem Rückgang des Extraktgehaltes errechnen. Ein Rückgang um 2 % Extrakt ergibt einen Alkoholgehalt von 1 %. Wenn also ein Bier mit 12 % Stammwürze nach der Gärung noch 5 % Extrakt anzeigt, so kann nach folgender Berechnung angenommen werden, dass das Bier nun 3,5 % Alkohol hat:

$$\frac{12-5}{2}\,\% = \frac{7}{2} = 3{,}5\,\%$$

Mit dieser Berechnung lässt sich der Fortgang der Gärung genau verfolgen.

Ein bis zwei Tage nach den ersten Anzeichen der beginnenden Gärung bilden sich die **Kräusen**: Der Schaum wird immer dicker und formt richtige Berge. Die höchsten Erhebungen verfärben sich auch bald braun, was von den sich mit dem Luftsauerstoff verbindenden Hopfenölen herrührt.

Bei der Obergärung steigen auch bald schmierigbraun die Hefeteilchen auf. Nach einigen weiteren Tagen fällt die ganze Schaumschicht in sich zusammen, die Bierspindel zeigt jetzt noch 5 oder 6 % an.

Die Gärung läuft, wie üblich bei chemischen Umsetzungen, bei höherer Temperatur schneller ab, bei Obergärung gelten daher jeweils die kürzeren Zeitangaben, während die Untergärung länger dauert.

Wenn die Schaumberge zusammenfallen, wird der Schaum mitsamt der aufsteigenden Hefeteilchen mit einer Lochkelle abgeschöpft. Dann wird das Bier entweder gleich in Flaschen oder aber in den Nachgärbehälter umgefüllt. Für und Wider werden im nächsten Kapitel erläutert.

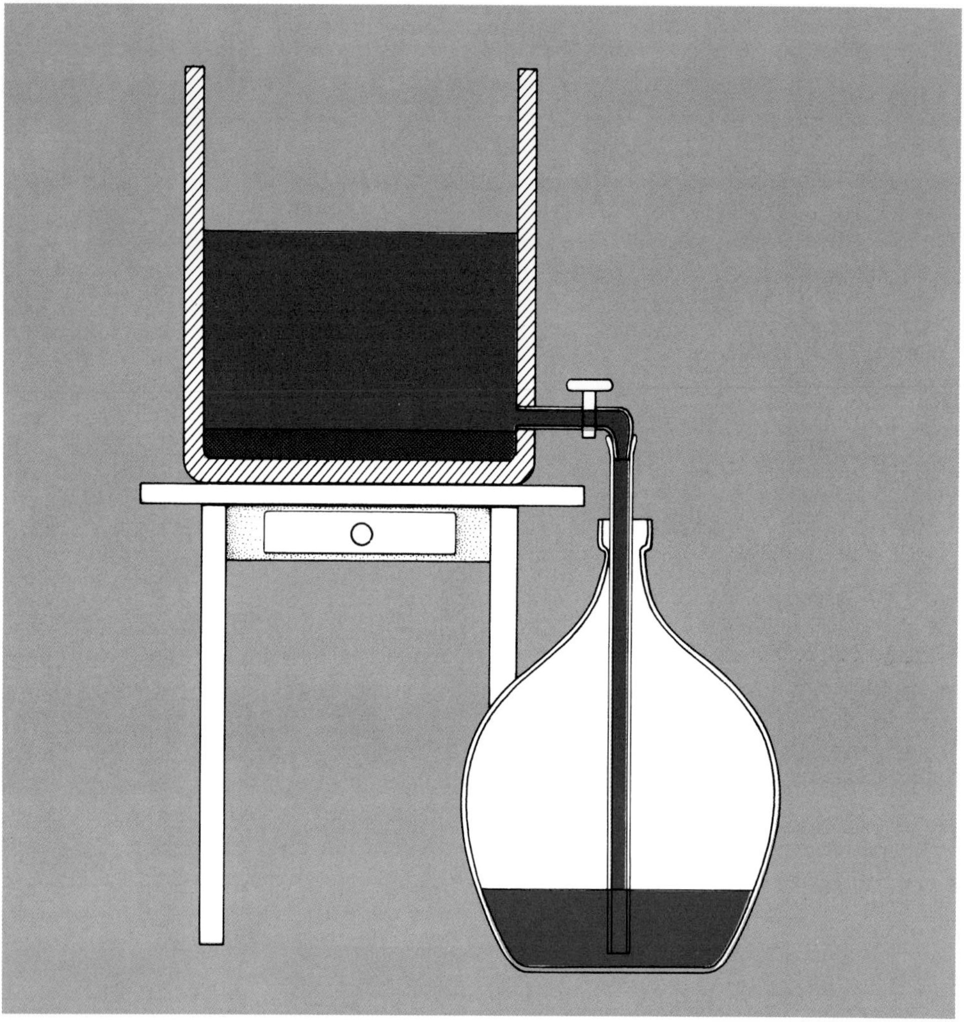

Schlauchen des Bieres: Der Auslauf muss oberhalb des Trubes liegen. Der Schlauch muss bis auf den Boden des Glasballons reichen.

Das **Abfüllen** geht sehr einfach mit dem oben beschriebenen Braueimer. Das Jungbier wird an der Auslassöffnung durch einen Schlauch abgelassen – man nennt den Vorgang auch „Schlauchen". Wer einen Gärbehälter verwendet, der keinen Auslass besitzt, muss etwas umständlicher arbeiten: Der Behälter wird mindestens 50 cm hoch gestellt (auf ein Kistchen, einen Stuhl, einen Hocker), dann wird ein 100 bis 150 cm langer Schlauch in das Bier eingesenkt, aber nur einige Zentimeter. Der Schlauch darf keinesfalls den Boden des Gärgefäßes berühren, weil sich dort schon Hefe abgesetzt hat, die nicht mehr aufgerührt und nicht mit umgefüllt werden soll. Man saugt so lange am Schlauch, bis Bier kommt. Dann wird der Schlauch schnell in den zu befüllenden Behälter (Fass, Ballon, Flasche) eingelassen. Das Bier fließt selbstständig vom Behälter mit dem höheren Flüssigkeitsstand zum anderen. Wenn direkt in die Flaschen geschlaucht wird, wird der Schlauch einfach von Hand abgeklemmt, wenn eine Flasche voll ist; man kann auch einen Quetscher anbringen. Aber nicht den Schlauch aus dem Gärbehälter ziehen, der Flüssigkeitsstrom wird sonst unterbrochen und es muss neu angesaugt werden. Mit einiger Übung lässt sich das Abfüllen bewerkstelligen. Günstig ist es, wenn ein Helfer darauf achtet, dass der Schlauch einerseits immer unter der Flüssigkeitsoberfläche bleibt, andererseits nicht die Hefe aufwirbelt. Aber über kurz oder lang werden Sie sich sicher einen Gärbehälter mit unterem Auslass beschaffen.

Tipp: Beim Schlauchen muss unbedingt darauf geachtet werden, dass so wenig Schaum wie möglich entsteht. Schaumbildung bedeutet nämlich immer einen Verlust an Kohlensäure. Wie noch ausführlich zu begründen sein wird, bedeutet jeder Kohlensäureverlust eine Beeinträchtigung der Bierqualität.

Um die Schaumbildung so gering wie möglich zu halten, wird der Schlauch bis zum Boden in das zu befüllende Gefäß eingeführt. Der Schlauch selbst sollte ohne scharfe Biegungen verlaufen, der Querschnitt möglichst gleichmäßig sein. Durchlaufhähnchen sind daher wenig geeignet, besser ist ein Schlauchquetscher. Wenn als Nachgärbehälter ein Behälter verwendet wird, der über dem Boden einen Anstich hat (bis auf den geringen Mehrpreis hat diese Bauart nur Vorteile, siehe Seite 80), so wird am besten durch den Anstich eingeschlaucht. Wird zudem das Spundloch des zu füllenden Behälters mit der Handfläche verschlossen, so baut sich ein leichter Gegendruck auf. Durch leichte Lockerung des Handdruckes lässt sich der Gegendruck so regulieren, dass das Bier zwar in den Nachgärbehälter fließt, sich aber kaum Schaum bildet.

Die Nachgärung

Nach der Hauptgärung beginnt die Zeit der Nachgärung. Während bei der Hauptgärung der größte Teil der entstehenden Kohlensäure in die Kellerluft entweicht, soll sich das Bier bei der Nachgärung so weit wie möglich mit der Kohlensäure anreichern, um so haltbar zu werden, später beim Einschenken Schaum zu bilden und prickelnde Frische zu entwickeln.

In vielen Hobbybrauer-Anleitungen wird empfohlen, nach der Hauptgärung das Bier sofort in Flaschen zu füllen. Wenn früh genug abgefüllt wird, bei einem Extraktgehalt von noch 5 bis 6 %, so enthält das Bier noch genügend Zucker, um eine intensive Nachgärung zu erhalten. Oft wird auch noch in jede Flasche ein halber Teelöffel Zucker gegeben. Das Bier enthält noch genügend Hefezellen, um den (natürlichen oder zugesetzten) Zucker zu vergären. Das Bier reichert sich in den verschlossenen Flaschen mit Kohlensäure an. Um zu verhindern, dass die Flaschen unter dem Druck der gebildeten Kohlensäure zerplatzen, sollten sie nach einem Tag, nach weiteren zwei Tagen und, bei starker Nachgärung, nochmals nach weiteren drei Tagen kurz geöffnet werden.

Da die Nachgärung gleich auf der Flasche erfolgt, braucht danach nicht mehr umgefüllt zu werden. Damit entfallen auch die mit dem Umfüllen verbundenen Kohlensäureverluste. Gutes Schaumverhalten und Rezenz des Bieres sind gewährleistet.

In Großbritannien, dem Mutterland des Hobbybrauens, wird ausschließlich in dieser Weise vorgegangen; bei einigen obergärigen Bieren (Hefeweizen) wird dieses Verfahren sogar in Deutschland in gewerblichen Brauereien angewandt. Bei den Bierrezepten wird darauf ausführlich eingegangen.

Das Reinheitsgebot erlaubt aber die Zuckerzugabe nur eingeschränkt.

Ein gravierender Nachteil freilich ist mit der Nachgärung auf der Flasche verbunden: Beim Schlauchen schwebt noch der größte Teil der Hefe im Bier, während der Nachgärung setzt sie sich am Flaschenboden ab. Beim Einschenken wird später unweigerlich wieder etwas Hefe aufgewirbelt und der Prozess der Klärung zu einem gewissen Grad wieder zunichte gemacht. Beim untergärigen Bier kommt eine Gefahr hinzu: Während der langen Lagerzeit des Untergärigen besteht die Gefahr, dass sich der Hefesatz zersetzt und das Bier verdirbt.

So populär, wie „Kellerbiere" derzeit sind, wollen Sie vielleicht ja gerade ein naturtrübes, hefehaltiges Bier brauen. Dann ist natürlich die Flaschengärung der denkbar einfachste Weg. Dann brauchen Sie sich natürlich mit der Frage der Klärung nicht weiter zu befassen.

In gewerblichen Brauereien wird (wenn klares Bier entstehen soll) das Bier zur Nachgärung in Tanks gebracht und kurz vor der Auslieferung auf Flaschen gefüllt. Die Hefe bleibt dann größtenteils im Tank, ein Filter beseitigt die letzten Hefereste aus dem Bier.

Die Tanks sind zur Aufrechterhaltung eines Überdruckes von rund 0,5 bar mit einem **Spundungsapparat** versehen, der Kohlensäure nur entweichen lässt, wenn dieser Druck überschritten ist. Spundungsapparate sind heute überwiegend Ventile, die durch eine Metallfeder gesteuert werden. Früher wurden auch Glasrohrsysteme verwendet, die mit Quecksilber oder Wasser gefüllt waren. Die Flüssigkeitssäule bewirkt dabei den Gegendruck. Quecksilber hat den Vorteil, dass für den Druck von 0,5 bar nur eine Säule von 37,5 cm Höhe erforderlich ist, das ganze Gerät also recht klein sein kann. Der Nachteil ist aber, dass Quecksilber sehr giftig ist. Wasser dagegen ist problemlos in der Anwendung, erfordert aber für 0,5 bar eine Säule von 5 m, was nur in wenigen Kellern möglich sein dürfte ohne dass gleich mehrere Schleifen gelegt werden müssten. Ansonsten ist der Bau eines Wasserspundapparates denkbar einfach. Es lässt sich sicher auf mancherlei Art improvisieren, empfohlen werden kann das auf Seite 79 abgebildete Modell.

An einen solchen Spundapparat können durchaus mehrere Gärballons angeschlossen werden, dann muss aber ein passender Verteiler gebastelt werden, Gardena-Schlauchstücke passen übrigens gut zum beschriebenen „Ölschlauch".

Der Verlauf der Nachgärung lässt sich am Spundapparat leicht kontrollieren: Sobald sich der der Wassersäule entsprechende Druck aufgebaut hat, perlen Kohlensäureblasen von der Größe einer Daumenspitze durch die Wassersäule. In den ersten Tagen der Nachgärung sind dies mehrere Blasen je

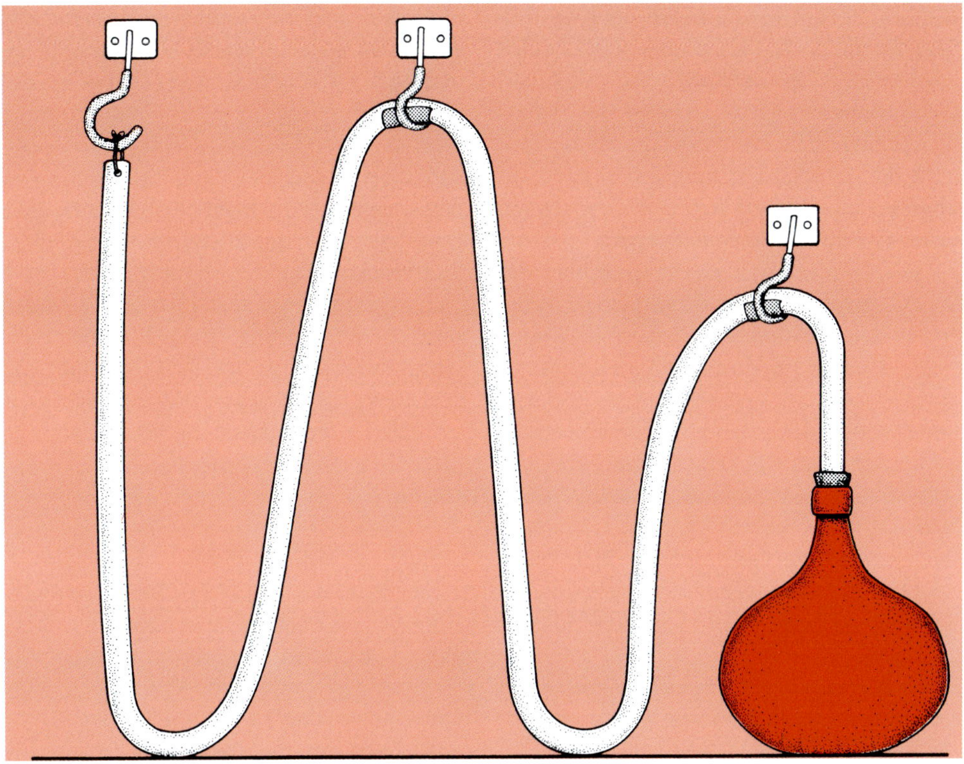

Ein transparenter Kunststoffschlauch, beispielsweise mit einem Innendurchmesser von rund 15 mm (verkauft als „Ölschlauch") und 10 m Länge wird wie dargestellt an einer Kellerwand angebracht. Unten liegt der Schlauch auf dem Kellerboden auf, während oben jeweils ein Schraubhaken in die Wand gedübelt wird. 2 cm vom linken Ende wird der Schlauch mit einem Bürolocher gelocht, durch die Löcher wird eine nicht zu dünne Schnur (die Löcher reißen sonst aus) an den Haken gebunden. Bei den beiden anderen Befestigungen wird der Schlauch mit einer Art Manschette aus Pappe bandagiert und damit ein Abknicken verhindert. Das im Bild rechte Ende wird in das Loch eines auf die Ballonflasche passenden Gummistopfens gesteckt. Solche Stopfen sind im Kellereibedarfshandel fertig mit 17-mm-Loch erhältlich. Schließlich wird an der Kellerwand noch eine Markierung angebracht in halber Höhe. Die rechte Schleife wird nun bis zu dieser Markierung mit Wasser gefüllt, der Stopfen am (mit dem Schlauch-Bier zu 90 % gefüllten) Ballon sehr fest angebracht. Durch die Gärungs-Kohlensäure entsteht ein Druck, der das Wasser aus dem rechten Arm der Schleife drückt. Dann wird am offenen Ende des Schlauches bis obenhin Wasser eingefüllt. Der Spundungsdruck kann jetzt mit dem Meterstab gemessen werden: Je 1 m Wasserstands-Unterschied zeigt einen Druck von 0,1 bar an, die Werte beider Schleifen werden addiert. Bei 2,50 m Bauhöhe und zwei Schleifen addiert sich der Wasserstands-Unterschied somit auf höchstens 5 m, was einem Druck von 0,5 bar entspricht. Man kann zur Not auch die zweite Schleife weglassen, kommt somit aber nur auf einen Überdruck von 0,25 bar, was etwas schale Biere ergeben kann.

Minute, nach einigen Tagen lässt die Gärung soweit nach, dass immer seltener eine Kohlensäureblase aufsteigt, schließlich hört die Erscheinung ganz auf; wenn das System nicht völlig dicht ist – was anzunehmen ist – geht der Druck auch langsam zurück, erkennbar an der Verringerung des Niveauunterschiedes im Schlauchsystem.

Als „Nachgärtanks" werden in Brauereien druckfeste Metalltanks verwendet. Für den Hobbybrauer kommen Edelstahl-, Kunststoff-, Aluminium- und Holzfässer in Frage, auch Glasballons sind eine billige und saubere Lösung. Holzfässer sind bei Nostalgikern zwar höchst beliebt, sie sind aber nur schwer zu pflegen und sauber zu halten. Der Druck von 0,5 bar wird von allen Materialien problemlos verkraftet – ein höherer Spundungsdruck jedoch ist, was die Qualität des Bieres anbelangt, sinnlos und ansonsten gefährlich.

Für Mengen bis 50 l halte ich Glasballons für hervorragend geeignet. Die glatte, porenfreie Oberfläche ist leicht sauber zu halten, die Lebensdauer ist, wenn mechanische Beschädigungen vermieden werden (Stöße, Schläge) praktisch unbegrenzt und der Klär- und Absetzvorgang lässt sich schön beobachten. Auch die handelsüblichen Größen entsprechen zumeist dem Bedarf des Hobbybrauers, zumal der Preis mit weniger als 15 € (10 oder 15 l) günstig ist. Kunststofffässer sind ebenfalls preiswert, Edelstahl ist zwar perfekt, aber teuer, ebenso Aluminium. Testen Sie Ihre Begeisterung für die Bierbrauerei mit einer der weniger teuren Alternativen, die professionellen Stahltanks werden Sie sich dann im Lauf der Zeit beschaffen können.

Nach beendeter Nachgärung wird das Bier dann in Flaschen abgefüllt, was freilich mit gewöhnlichen Ballons etwas schwierig wird, man muss mit einem Schlauch oder einem Heber arbeiten. Günstig sind daher Behälter, die knapp über dem Boden einen Auslauf haben. Bei Kunststoff- und Metallbehältern ist dies die Norm, bei Ballons werden Größen ab 5 l angeboten; sie sind aber erheblich teurer und kosten etwa 25 € in der 15 l-Version.

Kunststofffässer von 15 l Inhalt kosten rund 30 €, allerdings kann hier der Fortschritt der Klärung nur durch Entnahme von Proben verfolgt werden. Verschiedene Firmen bieten auch spezielle Gärbehälter in verschiedensten Ausführungen und Preisklassen an.

Natürlich lässt sich auch improvisieren, wichtig ist aber, dass der Behälter völlig gasdicht ist. Eine Ablassvorrichtung, wie auf Seite 64 beschrieben, muss dann etwa 2 cm über dem Boden angebracht werden. Am höchsten Punkt muss ein Anschluss für den Spundungsapparat geschaffen werden.

Der Gärbehälter darf keinesfalls völlig dicht verschlossen werden; der bei der Gärung entstehende Kohlensäuredruck würde das Gefäß sprengen und den Brauansatz zur gefährlichen Zeitbombe machen.

Zur Nachgärung wird in Brauereien eine Temperatur nahe 0 °C (bis + 2 °C) eingehalten, bei obergärigen Bieren von 10 bis 12 °C. Nach ein bis zwei Wochen soll sich das Bier klären, nach zwei Wochen bis drei Monaten, in manchen Fällen erst nach einem halben Jahr ist das Bier fertig zum Abfüllen. Die angegebenen Temperaturen sind nicht nur wichtig für einen möglichst günstigen Verlauf der Gärung, es ist auch so, dass Bier umso mehr Kohlensäure binden kann, je niedriger die Temperatur ist – ein Bier, das bei niedrigerer Temperatur vergoren wurde, wird also schon aus diesem Grund spritziger sein.

Für Hobbybrauer wird es schwierig sein, über so lange Zeit eine Temperatur von 0 °C einzuhalten. Man sollte bei untergärigen Bieren aber doch versuchen, die Nachgärung bei möglichst kühlen Bedingungen zu ermöglichen. So kann der Gärbehälter zum Beispiel in eine Wanne mit Wasser gestellt werden, in das immer wieder Eisstücke gegeben werden. Es wird allerdings schwierig sein, die notwendige Menge an Eis in der Tiefkühltruhe selbst herzustellen. Eisstangen sind kaum mehr zu kaufen. Die Nachgärung sollte nicht so lange ausgedehnt werden wie in der Brauerei, beim Abfüllen geht ohne die im gewerblichen Bereich übliche Gegendruckfüllanlage doch viel Kohlensäure verloren. Wird nun so frühzeitig (und ohne Filter) abgefüllt, dass noch geringfügig Hefezellen im Bier sind, so gibt dies noch eine leichte weitere Nachgärung auf der Flasche. Dadurch wird der Kohlensäureverlust wieder ausgeglichen, allerdings wird sich dann auch noch ein geringes Depot bilden.

Empfohlen sei daher, die Biere dann abzufüllen, wenn sich im Lagergefäß schon ein Gutteil der Hefe abgesetzt hat, was bei obergärigen Bieren nach zwei bis drei Wochen, bei untergärigen nach sechs bis acht Wochen der Fall sein wird, der Rest der Nachgärung erfolgt dann auf der Flasche bzw. im Fass.

Die Klärung

Während der Lagerzeit wird sich das Bier weitgehend klären, ohne allerdings so blank zu werden, wie wir das von Bieren aus gewerblichen Brauereien gewohnt sind. Das liegt daran, dass in Brauereien heute das Bier grundsätzlich vor dem Abfüllen filtriert wird. Es gibt jedoch kein Filtersystem für Hobbybrauer, das eine Filtration ohne Kohlensäureverlust erlaubt. Offene Filter nach dem Prinzip des Kaffeefilters sind gänzlich ungeeignet, weil die Kohlensäure dabei weitgehend aus dem Bier entfernt wird. Es ist aber nicht weiter schlimm, wenn das Bier noch einen leichten Schleier zeigt, dies ist ja im Trend und es schmeckt vielen sogar besser als ein filtriertes. Nicht filtriertes Bier hat auch das „Image", besonders natürlich, traditionsgebunden zu sein.

Früher waren übrigens Biere nur selten völlig klar, vielleicht hat die Beliebtheit von Steinkrügen darin einen Grund, dass die Trübung darin nicht zu erkennen ist. Sogar Gerichte haben sich mit dieser Frage schon befassen müssen, so hat das Landgericht Köln 1983 entschieden, dass ein Bier auch dann „Kölsch" genannt werden darf, wenn es nicht filtriert, also nicht völlig klar ist. Allerdings haben diejenigen Brauereien, die den Begriff Kölsch für klares Bier vorbehalten wollten, wenigstens erreicht, dass ein solches naturtrübes Bier als „unfiltriertes Kölsch" bezeichnet werden muss.

Dem Hobbybrauer empfehle ich, lieber eine leichte Trübung hinzunehmen, oder aber durch eine Verlängerung der Lagerdauer noch eine Besserung zu erhoffen. Maßnahmen gegen Trübungen, wie im Kapitel „Mängel und Fehler beseitigen" (Seite 110) beschrieben, können zwar ergriffen werden, diese Maßnahmen sind jedoch nach dem Biergesetz nicht zugelassen. Starke Trübungen dagegen verlangen sicherlich eine veränderte Arbeitsweise, auch hierüber mehr ab Seite 110.

Tipp: Die in vielen Hobbybrauer-Anleitungen angegebenen Lagerzeiten reichen oft bei weitem nicht aus, um eine genügende Klärung zu erreichen. Unter Hobbybrauer-Bedingungen sollte obergäriges Bier zwei Monate, untergäriges drei bis vier Monate lagern. Dann wird auch ohne chemische Hilfsmittel eine genügende Klärung des Bieres zu erreichen sein.

Das Bier abfüllen

Fass oder Flasche?

Brauereien liefern ihr Bier entweder als Flaschenbier aus oder aber als Fassbier – und auch der Hobbybrauer muss sich irgendwann entscheiden, ob er sein Bier nach der einen oder der anderen Methode lagern will.

Für das **Fassbier** spricht, dass das Abfüllen sehr viel weniger Arbeit verursacht, und vor allem, dass ein Fassbier ohnehin immer eine zünftige Sache ist. Um wie viel mehr gilt dies für ein Selbstgebrautes, *das die Krönung eines jeden Sommerfestes sein kann.*

Fassbier allerdings wird, wenn das Fass einmal aufgemacht ist, sehr schnell schal und das trotz Verwendung von Kohlensäureapparaten. Es ist auch schwierig, es längere Zeit kühl zu halten. **Flaschenbier** dagegen bleibt frischer, weil die Flasche erst geöffnet wird, wenn das Bier getrunken wird.

Tipp: Man wird sich also vorwiegend dann für Fassbier entscheiden, wenn speziell für ein Fest mit Freunden oder Verwandten gebraut wird. Nicht zu empfehlen ist dagegen, ein Fass anzustechen, um sodann über längere Zeit sein tägliches Quantum abzuzapfen. Hier eignet sich Flaschenbier besser.

Das Flaschenbier lässt sich im Kühlschrank auch beliebig auf Trinktemperatur kühlen.

Technik des Abfüllens

Es ist ganz problemlos, „stille“, also kohlensäurefrei Getränke abzufüllen. Wird jedoch Bier abgefüllt, sei es in Flaschen oder ins Fass, so besteht die Gefahr, dass die im Bier gelöste Kohlensäure freigesetzt wird und das Bier zum Schäumen bringt. Der Schaum ist zunächst einmal äußerst hinderlich, denn ist die Flasche erst voll Schaum, kann natürlich erst weiter Bier eingefüllt werden, wenn der Schaum zerfallen ist. So wird eine Arbeit, die in ein paar Minuten erledigt sein sollte, Stunden in Anspruch nehmen; es sei denn, man spült den Schaum mit nachfließendem Bier heraus und nimmt entsprechende Verluste hin.

Der Zeitverlust ist aber bei weitem nicht das Schlimmste: Ein Bier, das beim Abfüllen den Großteil seiner Kohlensäure verliert, wird später beim Ausschenken nur noch wenig Schaum bilden und schal schmecken.

Wie auf Seite 78 angemerkt, lässt sich das Problem des **Kohlensäureverlustes** dadurch umgehen, dass das Bier sofort nach der Hauptgärung auf Flaschen gefüllt wird. Die perfektere Lösung ist sicherlich, das Bier unter größtmöglicher Schonung des Kohlensäuregehaltes abzufüllen, und zwar erst dann, wenn sich die Hefe weitgehend abgesetzt hat. Dann muss aber äußerst sorgfältig gearbeitet werden. Es kommt dabei oft auf Kleinigkeiten an, also sollten die folgenden Tipps peinlich genau beachtet werden.

- Der Schlauch vom Gärbehälter zur Flasche oder zum Fass muss möglichst geradlinig verlaufen

- Der Schlauch soll innen keine Kanten, Verengungen usw. aufweisen, daher kein Hähnchen, sondern einen Quetscher verwenden
- Der Schlauch muss in Fass oder Flasche bis zum Boden reichen
- Es darf kein Hefetrub angesaugt werden

Das Abfüllen selbst kann wiederum ähnlich vor sich gehen wie das Schlauchen. Eine der Schwierigkeiten besteht jetzt jedoch darin, den Schlauch von einer Flasche zur anderen zu bringen. Sobald nämlich der Bierfluss zum Flaschenwechsel unterbrochen wird, besteht die Gefahr, dass sich Bier im Schlauch etwas erwärmt und Kohlensäure frei wird; es bildet sich eine Gasblase und der Bierfluss ist endgültig unterbrochen. Es ist daher besonders wichtig, dass der Behälter, aus dem abgefüllt wird, so hoch steht, dass die Schwerkraft den Fluss in Gang hält. Günstig ist es auch, mit Hilfe eines Blasebalges dauernd einen gewissen Druck aufrecht zu erhalten.

Achten Sie immer darauf, dass sich in der Flasche möglichst **wenig Schaum** bildet, also nicht zu schnell abfüllen und vor allem den Schlauch immer bis zum Boden der Flasche einführen. Eine wesentliche Verbesserung ergibt sich bereits dadurch, dass aus einem Ballon abgefüllt wird, der eine Ablassvorrichtung knapp über dem Boden besitzt. Dadurch wird vermieden, dass der Bierfluss laufend unterbrochen wird.

All die bisher beschriebenen Maßnahmen werden immer noch nicht ganz verhindern können, dass sich zu viel Schaum bildet. Der Grund liegt darin, dass sich Kohlensäure wie erläutert in Bier bei höherem Druck besser löst als bei niedrigerem. In den Brauereien wird das Bier daher vor dem Abfüllen unter einen Druck von 1 bis 1,5 bar gesetzt. Um-

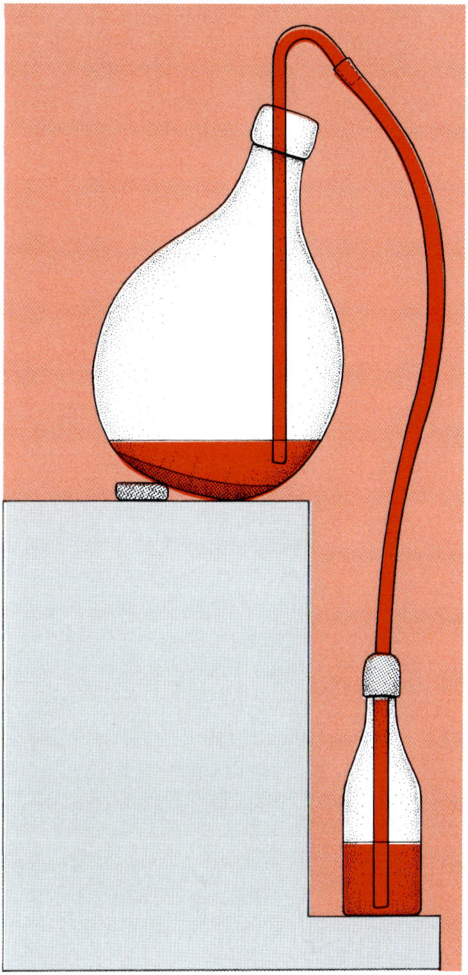

So wird vorgegangen bei einfachen Glasballons ohne unteren Auslass: Ein Schlauch, besser ein als „Weinheber" oder „Bierheber" gehandeltes Gerät, wird in den zu entleerenden Behälter gesenkt. Das Bier wird zunächst angesaugt und fließt dann selbstständig aus dem Ballon in die Flaschen. Zum vollständigen Entleeren des Ballons wird eine Dachlatte unter den Ballon geschoben, so dass zwar noch der letzte Tropfen klaren Bieres abgesaugt werden kann, aber die Hefe zurück bleibt.

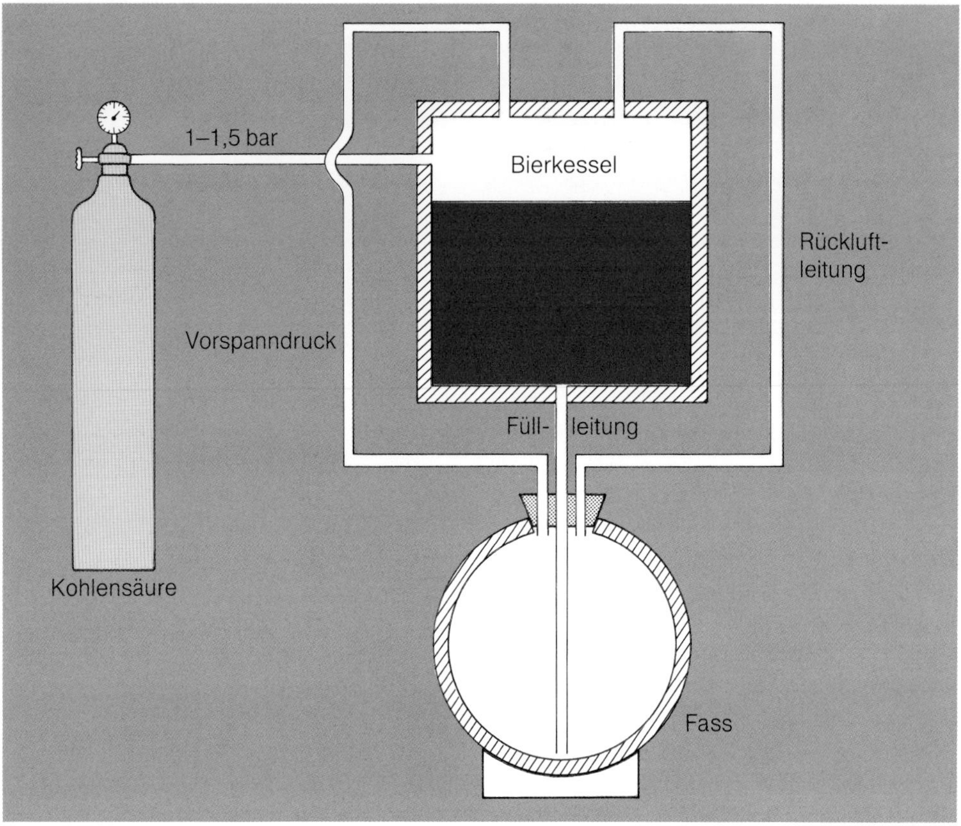

Schematische Darstellung der Funktion des isobarometrischen Füllers, wie er in Brauereien Verwendung findet (am Beispiel eines Fassfüllers erläutert): Zunächst bleiben Füllleitung und Rückluftleitung geschlossen, die Vorspannleitung ist geöffnet, der Druck im Fass steigt an, bis der gleiche Druck wie im Bierkessel herrscht. Nun wird die Vorspannleitung geschlossen, Füllleitung und Rückluftleitung geöffnet, das Bier fließt in das Fass, die Luft aus dem Fass wird über die Rückluftleitung in den Bierkessel zurückgedrückt. Die Flaschenfüllung funktioniert im Grundsatz gleich, jedoch werden nicht drei verschiedene Hahnen angebracht, sondern ein Dreiweghahn, der durch günstige Anordnung der Kanäle es erlaubt, die Leitungen automatisch nach allen beschriebenen Grundsätzen zu öffnen und zu schließen.

gekehrt würde aber die Kohlensäure sofort wieder frei, wenn in der Flasche der Druck abfällt, das Bier würde erst recht schäumen. Dies umgeht man dadurch, dass so genannte **isobarometrische Füller** verwendet werden, das sind Systeme, die im befüllten Fass oder der Flasche denselben Druck herstellen (iso = gleich, bar = Druck) wie im Gärtank. Die Funktion eines solchen Füllers verdeutlicht obenstehende Skizze.

Sicher wäre es übermäßig aufwändig, wenn Hobbybrauer diese professionellen

Eine Hobbybrauer-Flaschenfüllvorrichtung, die dem professionellen Verfahren einigermaßen nahe kommt, ohne gar zu aufwändig zu sein: Es wird ein Nachgärbehälter mit Anstich verwendet, der Schlauch wie erwähnt nicht mit einem Hähnchen verschlossen, sondern mit einem Quetscher. Letzterer verursacht weniger Wirbel (lässt also weniger Kohlensäure frei werden) und ist auch besser für Einhandbedienung geeignet. Auf den Schlauch wird eine Gummikappe geschoben, deren Innendurchmesser dem Außendurchmesser der Flasche entspricht. Es gibt solche Gummikappen als „Süßmostkappen" ohne Loch – dann wird mit einem spitzen und scharfen Messer ein genau zum Schlauch passendes Loch geschnitten – oder als „Gärkappe" auch schon richtig gelocht.

Beim Abfüllen wird dann zuerst die Gummikappe auf die Flasche geschoben und mit Daumen und Zeigefinger fest angedrückt. Dann wird der Quetscher geöffnet. Das Bier fließt in die Flasche, bis dort derselbe Druck herrscht wie im Schlauch. Wird jetzt an der Gummikappe etwas Druck abgelassen, so fließt das Bier wieder weiter. Der Druck wird so geregelt, dass das Bier gerade fließt, so entsteht wenig Schaum – das Bier bleibt frisch und spritzig. Es kann sein, dass der Quetscher nicht dem Spundungsdruck standhält, also Bier schon während der Dauer der Nachgärung aus dem Schlauch austritt. Dann kann der Schlauch mit zwei Holzstücken und einer Schraubzwinge abgequetscht werden. Geschieht dies unmittelbar nach dem Auslass-Nippel, so kann zudem verhindert werden, dass sich im Schlauch zuviel Hefe ablagert, die das nachfließende, zunächst klare Bier wieder eintrübt. Wenn man den Schlauch mit einer solchen Holz-/Schraubzwingen-Kombination verschließt, kann man auch verhindern, dass ein zu scharfkantiger Quetscher den Schlauch beschädigt. Zum Abfüllen braucht man wieder den praktischen Quetscher, die Schraubzwinge wird vorher entfernt.

Ganz optimal sind Geräte, die auch noch eine Vorspann- und Rückluftleitung umfassen.

Abfüllvorrichtungen kopieren würden – handwerklich versierte Hobbybrauer werden nach dieser Skizze sicher pfiffige Apparate bauen können. Eine sehr vereinfachte Abwandlung des professionellen Füllers beschreibt die Skizze auf Seite 85.

Dieses Verfahren wird, im Gegensatz zum beschriebenen professionellen Füller, immer noch zu einer leichten Schaumbildung führen. Das ist aber nicht weiter schlimm, vielmehr soll immer ein wenig Schaum entstehen. Die Flaschen dürfen nicht bis zur Mündung gefüllt werden, es muss über dem Bier noch ein Raum von rund 3 cm bleiben, um Druckveränderungen soweit ausgleichen zu können, dass die Flasche nicht zerspringt. Dieser Ausgleichsraum wäre bei völlig schaumfreier Abfüllung mit Luft gefüllt, was eine Gefahr für das Bier darstellt. Bildet sich nun ein wenig Schaum, gerade so viel, dass er den Ausgleichsraum ausfüllt, so wird beim Verschließen der Flasche kaum Luft mit eingeschlossen, sondern eben nur die Kohlensäure, die in dem Schaum enthalten ist.

Ganz wichtig für einen reibungslosen Verlauf des Abfüllens ist auch, dass die Höhe des Podestes und die Länge des Schlauches genau aufeinander abgestimmt sind. Der Schlauch muss ohne große Krümmungen bis auf den Boden der Flasche bzw. des Fasses reichen. Sehr hilfreich ist es, wenn auch die Flasche leicht (20 cm) erhöht abgestellt werden kann, beim Flaschenwechsel kann dadurch besonders leicht die volle Flasche nach unten abgezogen, die nächste eingeführt werden, ohne dass im Schlauch Kohlensäure frei wird.

Gegen Ende des Abfüllens wird man den fast entleerten Behälter leicht neigen, um so auch noch den letzten Tropfen klaren Bieres zu gewinnen. Das ist gefährlich, weil durch die Bewegung des Ballons leicht Hefe aufgewirbelt wird. Ein Stück Dachlatte kann hier helfen: Der Behälter wird an einer Seite soweit angehoben, dass die Latte gerade darunter passt. Durch vorsichtiges Verschieben der Latte kann dem Behälter die gewünschte Neigung gegeben werden, ohne dass zuviel Unruhe im Bier entsteht.

Die Vorschläge zur Durchführung des Abfüllens erscheinen Ihnen vielleicht übertrieben. Da es aber wirklich auf kleinste Kleinigkeiten ankommt, empfehle ich Ihnen, diese wichtigen Ratschläge peinlichst genau zu beachten.

Fassbier

Mit dem Begriff „Fassbier“ verbinden wir immer noch das Bild eines Holzfasses, und es ist auch nicht zu leugnen, dass der Anstich eines Holzfasses, das Einschenken der ersten Krüge Bier daraus, schon eine gewisse Stimmung aufkommen lässt, ehe noch der erste Schluck getrunken ist. Sachlich betrachtet spricht aber nur ein einziges Argument für **Holzfässer**: Das Bier hält sich darin länger kühl, ein Ergebnis, das mit Eisstangen oder mit einem Durchlaufkühler ohne weiteres auch zu erreichen ist. Schwer wiegen dagegen die Nachteile der Holzfässer:

- hohe Anschaffungskosten
- hohes Gewicht
- großer Pflegeaufwand

Daher sind die Brauereien heute weitgehend zur Verwendung von Alu- und Stahlfässern übergegangen. Bei großen Volksfesten werden sogar Container mit einem Inhalt bis zu 180 hl (18 000 l) hinter dem Zelt aufgestellt, im Zelt selbst wird aus Holzfass-Attrappen gezapft.

Auch dem Hobbybrauer kann von der Verwendung von Holzfässern nur abgeraten werden, zumal eine sehr wichtige Pflegemaßnahme mit haushaltsüblichen Mitteln nur schwer möglich ist: Das Pichen, das ist das Aufbringen einer Schicht aus Pech auf der Fassinnenfläche. Durch diese Schicht wird das Fass gasdicht, es werden also Kohlensäureverluste vermieden und die beschichtete Innenschicht ist glatter und damit weniger anfällig für Krankheitserreger als eine unbeschichtete.

Für Hobbybrauer kommen als „Fässer" daher eher in Frage:

- Partyfässer
- Glasballons
- Alu- oder Edelstahlfässer
- Kunststoffbehälter

Die billigste Lösung ist sicher, eine 5-l-Dose (**Partyfass**) wieder zu befüllen. Um sie gründlich zu reinigen und nach dem Befüllen fachgerecht wieder verschließen zu können, muss der Kunststoffverschluss ausgebaut werden, dann kann auch der kleine Stopfen geborgen werden, der das kleine Loch für die Zapfgarnitur verschließen soll. Leider gibt es Verschlusstypen, die nicht ausgebaut werden können, ohne sie zu zerstören.

Vorausgesetzt, Sie haben einen Typ erwischt, der unbeschädigt entfernt werden kann, so stecken Sie nach dem Befüllen zuerst von der künftigen Innenseite her den erwähnten Stopfen in das kleine Loch im Verschluss, dann drücken Sie den Verschluss als ganzes wieder in die Dose.

Auch ein **Glasballon** ist preiswert, aber die Druckvorrichtung muss so umgebaut werden, dass sie auf die Mündung des Glasballons passt. Auch dabei gilt, dass Ballons mit Anstich unten besonders leicht zu handhaben sind – man braucht dann gar keine besondere Druckvorrichtung.

Recht teuer, aber sicherlich optimal sind **Alufässer** und **Edelstahlfässer** (ab 15 l, zumeist über eine Brauerei zu beziehen) und speziell für Hobbybrauer entwickelte Kunststoff-Druckbehälter.

Für alle Fässer ohne unteren Anstich benötigt man eine Druckgarnitur. Am billigsten sind Geräte, bei denen mit einer Pumpe ein Druck geschaffen wird. Hier kommt das Bier aber mit Luft in Berührung, die Geräte sind daher nur geeignet, wenn das Bier gleich nach dem Anstich verbraucht wird.

Besser, aber wesentlich teurer, sind Geräte, bei denen **Kohlesäurepatronen** für den notwendigen Druck sorgen. Es muss aber immer darauf geachtet werden, dass das Gerät auch auf den jeweiligen Behälter passt. Die Kohlensäure hält im Gegensatz zur Druckluft das Bier frisch, deshalb kann damit einige Tage von einem Fass abgezapft werden, ohne dass das Bier schal wird.

Ein weit verbreitetes Missverständnis soll jedoch ausgeräumt werden Die Kohlensäurepatronen erzeugen nur den Druck, der notwendig ist, um das Bier aus dem Fass zu drücken, und auch, um Kohlensäureverluste zu verhindern. Aber sie bringen nur unwesentlich Kohlensäure in das Bier (nach dem Biergesetz wäre dies auch gar nicht erlaubt); Kohlensäure muss vielmehr vorher schon durch die Gärung im Bier gelöst worden sein.

Das Fass wird befüllt, wie auf Seite 83 beschrieben. Um Kohlensäureverluste zu vermeiden, muss unbedingt darauf geachtet werden, dass der Schlauch bis auf den Boden des Fasses reicht, das Bier also sozusagen von unten her eingefüllt wird, um Schaumbildung zu verhindern.

Flaschenbier

Zur Lagerung von Bier kommen verschiedene Flaschen in Frage:

Drehverschlussflaschen: Mineralwasser- oder Weinflaschen mit Drehverschluss sind an sich recht gut für die Lagerung von Bier geeignet, es müssen nur die Verschlüsse gelegentlich ausgewechselt werden, weil sie ausleiern und somit undicht werden. Optisch allerdings sind solche „Fremdflaschen“ doch etwas fragwürdig, man ist einfach gewohnt, Bier aus anderen Flaschen zu trinken.

Kronkorkenflaschen: Sie werden heute fast ausschließlich in gewerblichen Brauereien verwendet und zwar hauptsächlich als Vichyflasche mit 0,33 l für Pils und als 0,5 l-Flasche („NRW-Flasche“) für andere Biere. Steinie-Flaschen sind gelegentlich auch noch gebräuchlich. Kronkorkenflaschen können auch von Hobbybrauern verwendet werden, allerdings müssen die Kronkorken bei jeder Befüllung erneuert werden, gebrauchte können nicht mehr dicht aufgebracht werden. Zum Verschließen gibt es Handgeräte, die schon für weniger als 20 € zu kaufen sind. Es gibt auch hinreichend dichte Flaschen-Nachverschlüsse, diese sind aber nicht gerade billig.

Drahtbügelverschlussflaschen: Jahrzehntelang die klassische Bierflasche, sind sie aus Rationalisierungsgründen in den sechziger Jahren fast völlig vom Markt verschwunden. In letzter Zeit werden Biere wieder in dieses beliebte Behältnis gefüllt und entsprechend teuer verkauft. Für Hobbybrauer sind Bügelverschlussflaschen geradezu ideal, sie schließen recht dicht, ohne dass besonderes Werkzeug verwendet werden muss. Nur die Gummidichtungen müssen gelegentlich ausgewechselt werden, sie sind in Haushaltsgeschäften und bei der Fa. Arauner erhältlich.

So gesehen sind Drahtbügelflaschen auch in der Wiederverwendung preiswert, allerdings ist der Anschaffungspreis (sie können über die Fa. Arauner und die Fa. Pfäffle bezogen werden) recht hoch. Glashütten beliefern preiswerter auch Privatleute, aber nur palettenweise, also zu 1536 Stück verpackt.

Noch ein Wort zur **Flaschenfarbe**: Die alten Drahtbügelverschlussflaschen waren aus braunem oder grünem Glas gefertigt, es gab nun Biertrinker, die prinzipiell keine grüne Flasche akzeptiert haben. Die Wissenschaft kann diesen oft belächelten Leuten recht geben: Braunes Glas filtert die kurzwelligen Bestandteile des Lichtes besser aus als grünes. Gerade kurzwelliges Licht beeinträchtigt aber den Biergeschmack, so dass heute kaum mehr grüne Bierflaschen gebräuchlich sind. Wer freilich sein Bier im dunklen Keller lagert, der wird dieses Problem vernachlässigen können.

Einige so genannte Premiumbiere, also Biere, die von der jeweiligen Brauerei als besonders edel aufgemacht werden, werden seltsamerweise wieder in grüne Flaschen gefüllt.

> **Tipp:** Gleichgültig, für welche Flaschenart man sich entscheidet, vor der Flaschenfüllung ist eine gründliche Reinigung der Flaschen nötig.

Zur **Außenreinigung** werden die Flaschen, wenn noch Flaschenetiketten abgelöst werden müssen, mit Wasser gefüllt und in einen Eimer mit Waschmittellauge gestellt. Nach einigen Stunden haben sich die Etiketten abgelöst, die Waschmittelrückstände werden abgespült. Falls noch Papier- und Klebstoffreste vorhanden sind, so hilft ein Schwamm mit Scheuerteil („Scotch Britt"). Auch Flaschen ohne Etiketten sollten zunächst außen vorgereinigt werden, damit das Wasser für die Innenreinigung nicht verschmutzt wird.

Die **Innenreinigung** ist am leichtesten sofort nach dem Entleeren; dann genügt es, die Flaschen mit heißem Wasser auszuspülen. Ehe man sie neu auffüllt, müssen sie dann nur noch kalt ausgespült werden. Ist jedoch seit dem Entleeren schon einige Zeit vergangen, muss man erheblich mehr Mühe aufwenden. Die Außenreinigung kann schon als Vorweiche angesehen werden. Zur Endreinigung wird dann eine Spülmittellösung verwendet, die entweder aus 200 g Soda auf 10 l Wasser oder aus 400 g Kaliumdisulfit und 80 g Zitronensäure auf 10 l Wasser besteht. Die vorgeschlagenen Chemikalien sind in Apotheken erhältlich.

Ein normales Küchenspülmittel ist für die Innenreinigung nicht geeignet. Es setzt die Oberflächenspannung des Bieres herab, dadurch hält sich kein Schaum. Für die Reinigung von Biergläsern und Bierkrügen gilt dasselbe!

Das Spülmittel soll einige Zeit gut einwirken, auch auf die Verschlüsse. Danach wird gründlich mit Klarwasser nachgespült, damit die Spülmittel weitest möglich entfernt werden. Mit einer Flaschenbürste können auch hartnäckige Verschmutzungen angegangen werden.

Wer ganz auf Nummer Sicher gehen will, kann die Flaschen nach dem Spülen auch im Backofen bei 110 °C **sterilisieren**. Zuvor müssen alle nicht hitzebeständigen Teile entfernt werden, Gummiringe bei Drahtbügelflaschen und Verschlusskapseln bei Drehverschlussflaschen. Diese Teile können eventuell in Wasser ausgekocht werden. Die Flaschen werden so in den Backofen gestellt oder gelegt, dass sie weder Boden noch Decke oder Wände des Backofens berühren, sonst besteht Gefahr, dass sie zu Bruch gehen. Die Flaschen werden daher auf den Backofenrost gestellt. Die Sterilisier-Wirkung wird schon nach einigen Minuten erreicht, die Flaschen werden aus dem Ofen genommen und auf eine wenig wärmeleitfähige Unterlage gestellt (feuchtes Tuch, Holzbrett, Styroporplatte, aber nicht Metallplatte). Das Bier wird erst dann eingefüllt, wenn die Flaschen völlig ausgekühlt sind.

Die beschriebene Flaschensterilisation wird ganz Vorsichtige beruhigen; notwendig ist sie zumindest dann nicht, wenn die Flaschen wie empfohlen sofort nach dem Entleeren immer sorgfältig gereinigt werden.

Das Abfüllen selbst ist ab Seite 82 genau beschrieben.

Tipp: Vor dem Konsum des Eigenbräus sollte noch eine Lagerzeit von einigen Wochen abgewartet werden. Das Bier wird sich in dieser Zeit weiter klären und auch noch etwas Kohlensäure bilden. Schaumbildung, Festigkeit des Schaumes und Rezenz des Bieres werden sich noch verbessern.

Die Flaschen sollten stehend gelagert werden, da, wie schon gesagt wurde, das Bier beim Abfüllen nicht völlig klar sein dürfte und sich daher in der Flasche noch ein Depot bilden wird.

Sinnvoll ist es, zumindest die Flaschen eines Sudes von anderen Suden getrennt zu halten, besser noch, die Flaschen zu kennzeichnen. So könnte man die Brauprotokolle durchnumerieren, etwa so, dass die Sude des Jahres 2005 die Nummer 1/05, 2/05 usw. erhalten und die Bierflaschen dann die Nummer des Sudes erhalten. Zur Kennzeichnung eignen sich selbst klebende Etiketten. Diese Kennzeichnung gewährleistet, dass Sie in Ihrem Bierlager nicht den Überblick verlieren.

Berechnung des Schwandes

Unter Schwand versteht der Brauer den Bierverlust, der vom Hopfenseihen bis zur Abfüllung entsteht. Was im Kapitel „Ausbeute" über die wirtschaftliche Bedeutung einer hohen Ausbeute in kommerziellen Brauereien gesagt wurde, gilt für eine Begrenzung des Schwandes ebenso; gleichfalls wird man auch beim Schwand sagen können, dass für den Hobbybrauer die wirtschaftliche Seite nicht im Vordergrund steht, aber doch eine Berechnung des Schwandes Rückschlüsse auf die eigene Arbeitsweise zulässt.

Zur Berechnung des Schwandes (Formel) müssen zwei Werte ermittelt werden: die **Würzemenge** nach Beendigung des Würzekochens (also vor dem Ausschlagen aus der Würzepfanne, daher Ausschlagwürze) und die **abgefüllte Menge an Bier**. Die Ausschlagwürze wird nach der Methode auf Seite 62 ermittelt, das abgefüllte Bier ergibt sich leicht aus der Addition der Behälterinhalte (Flaschen und Fässer).

In gewerblichen Brauereien beträgt der Schwand zwischen 8 und 20 %.

Auch der Hobbybrauer sollte Werte in dieser Größenordnung erreichen. Sollten Ihre Werte wesentlich darüber liegen, so kommen als Verbesserungsmöglichkeiten in Betracht:

- Hopfentreber möglichst gut entwässern
- Kühltrub möglichst gut entwässern
- beim Abheben der Gärdecke möglichst wenig Bier mitnehmen
- so schlauchen, dass wenig Bier im Gärbehälter bleibt
- Lagerbehälter nicht ganz füllen, so Überlaufen verhindern
- so abfüllen, dass wenig Bier im Lagerbehälter bleibt
- beim Abfüllen kein Bier verschütten
- beim Abfüllen kein Bier überschäumen lassen

Hier sind die Maßnahmen aufgezählt, die einen echten Bierverlust verhindern. Der Schwand besteht aber zum Teil auch aus dem reinen Verdunsten von Wasser beim Kühlen und (weniger) bei der Gärung. Dabei handelt es sich aber nicht um echte Verluste, bleibt doch alles das im Bier zurück, was beim Maischen aus dem Malz herausgelöst wurde, es verschwindet nur das Wasser, das aber bei Kenntnis der Verhältnisse bei zukünftigen Suden leicht den Nachgüssen zusätzlich zugegeben werden kann.

Man wird diesem Teil des Schwandes daher kaum größere Bedeutung beimessen. Ein anderer Teil des Schwandes geht auf die Umwandlung des Zuckers in Kohlensäure bei der Gärung zurück – das ist Natur gegeben und entzieht sich unserer Einflussnahme. Auch etwas Alkohol verdunstet, aber das ist unvermeidlich.

Formel: $$\frac{\text{Ausschlagwürze (l)} - \text{Abgefülltes Bier (l)} \times 100}{\text{Ausschlagwürze (l)}} = \text{Schwand (\%)}$$

Bierrezepte

Die Einteilung der Biere

Es ist äußerst schwierig, die deutschen Biere in einer Systematik übersichtlich darzustellen – die Biere sind in vierfacher Weise gegliedert, wie die folgende Übersicht zeigt. Im Abschnitt „Sonstige deutsche Biere“ wird noch auf einige besondere, weniger verbreitete Biersorten eingegangen, die aber für den Hobbybrauer nicht von Bedeutung sein dürften.*

Die Biertypen

Die Biertypen haben sich in den großen Bierstädten des deutschen und des österreich-ungarischen Reiches entwickelt, wobei die jeweiligen örtlichen Gegebenheiten – das Brauwasser und die lokalen Gerstensorten – sowie überkommene Mälz- und Maischverfahren den Biertyp bestimmten. Die tabellarische Übersicht soll die wesentlichen Merkmale der in Deutschland gebräuchlichen untergärigen Biertypen deutlich machen.

Die Biersorten

Die in der Braufachliteratur gebräuchliche Unterscheidung nach Biertypen und Biersorten ist nicht immer streng systematisch, im Folgenden werden daher etwas abweichend hiervon, aber leichter überschaubar, einfach Biersorten vorgestellt, wobei dann etwa von der Biersorte ‚Export, Münchner Brauart' und ‚Export, Dortmunder Brauart' die Rede sein wird. Gemeint ist dann z.B. der Münchner Biertyp, davon die Biersorte ‚Export'.

Im Folgenden wird beschrieben werden, welche Rohstoffe und welche Herstellungsverfahren verwendet werden, um die in Deutschland üblichen Biersorten zu erhalten. Der Hobbybrauer kann sich an diesen Angaben orientieren, um einem Bier eine bestimmte Geschmacksrichtung zu geben. Es wird aber nur in seltenen Fällen gelingen, das nebenan beim Getränkehändler angebotene Bier identisch „nachzubrauen“. Das liegt einmal an den verfügbaren Rohstoffen, aber auch an der Schwierigkeit, bestimmte Bedingungen (Temperaturen) über längere Zeit aufrecht zu erhalten. Es wird daher wohl so sein, dass auch bei Beachtung der

---

* In der Schweiz:

Lagerbier	mit 10 bis 12%
Spezialbier	mit 11,5 bis 14%
Starkbier	mit 14% und mehr

Biere mit weniger als 3 Vol.-% Alkoholgehalt (hier wird nicht die Stammwürze berücksichtigt!) werden als Leichtbier bezeichnet.

In Österreich werden die Biere so eingeteilt:

Abzugbier	mit 9 bis 10%
Schankbier	mit 10 bis 12%
Lager- oder Märzenbier	mit 12 bis 14%
Bock-, Porter- oder Festbier	mit 16% und mehr
Spezialbier	ab 13%.

Biergattungen	Einfachbier	Schankbier	Vollbier	Starkbier
Nach dem Stammwürzegehalt	unter 7 %	7 bis 11 %	11 bis 16 %	ab 16 %

Bierarten Nach der Art der Hefe	Untergäriges Bier	Obergäriges Bier
Biertypen	Dortmunder Münchner Pilsner Wiener	
Biersorten	Lager Export Märzen Bock Doppelbock	Weizen Exportweizen Weizenbock Weizendoppelbock Kölsch Alt

angegebenen Rezepte das Bier doch in irgendeiner Form anders schmecken wird als das nachgeahmte Original – aber nicht unbedingt schlechter.

Dass ein Bier, mit einfacher Technik gebraut, sowieso mal so, mal so schmecken kann, wussten schon unsere Altvorderen, die aus dieser Erfahrung heraus den Spruch prägten: „Backen und Brauen gelingt nicht immer". Diesen Spruch sollte sich jeder Hobbybrauer vor Augen halten, und sich zudem nicht an den gängigen Biersorten festklammern, sondern eben jenes Bier brauen, das ihm selbst am besten schmeckt.

Die in den Rezepten gemachten Angaben können daher nur Anhaltspunkte sein, sie müssen entsprechend den Ausführungen im Teil „Bierherstellung" den Gegebenheiten der häuslichen Hobby-Brauerei angepasst werden. Variieren wird man können oder müssen.

Deutsche Biertypen

Biertyp	Malz	Wasser	Hopfung	Vergärung
Dortmunder	hell	hart	hoch	hoch
Münchner	hell oder dunkel oder dunkel mit Farbmalz	mittelhart	gering	niedrig
Pilsner	sehr hell	sehr weich	sehr hoch	sehr hoch

Wasser. Die im Rezept angegebene Härtestufe stellt den Idealfall dar, das Bier gelingt zumeist auch mit anderem Wasser – mit weicherem Wasser meist besser als mit härterem.

Hauptguss/Nachguss. Bei schlechter Ausbeute muss der Nachguss erhöht werden, der Hauptguss sich entsprechend vermindern.

Schüttung. Es wird eine Sudhaus-Ausbeute von knapp 70 % unterstellt. Weicht die Ausbeute von diesem Wert ab – was sich in einem abweichenden Stammwürzegehalt äußert – so wird die Schüttung bei künftigen Suden schrittweise erhöht (zu geringer Stammwürzegehalt) oder vermindert (zu hoher Stammwürzegehalt).

Maischverfahren. Mit steigender Zahl der Kochmaischen nimmt die Ausbeute zu, die Biere schmecken kerniger, aber auch der Zeit- und Energieeinsatz nimmt zu.

Malz. Genau genommen erfordert jede Biersorte ein besonderes Malz. Einige Händler führen nur Pilsner Malz. Aber mittlerweile kann man alle hier genannten Malzsorten irgendwo beziehen. Unter „Abwandlungen" ist weiter beschrieben, wie man sich behelfen kann, wenn die an sich notwendige Malzsorte nicht verfügbar ist. Auch Brauereien greifen zu diesen Tricks.

Hopfen. Die Angaben beziehen sich auf Hopfenpellets mit ca. 5 % Alphasäure-Anteil unter Annahme von Mittelwerten für Schwand und Bitterstoffausbeute. Wenn Ihnen der Alphasäureanteil des Hopfens bekannt ist, so müssen die Werte entsprechend umgerechnet werden. Wenn Sie Doldenhopfen verwenden, so erhöhen Sie die angegebenen Werte um 20 %, bei Hopfenextrakt verringern Sie um 10 %. Lesen Sie im Zweifel nochmals auf Seite 68 nach, was bei der Hopfendosierung zu beachten ist. Wenn das Wasser härter ist als angegeben, etwas weniger Hopfen nehmen.

An den entsprechenden Stellen im Kapitel „Das Bierbrauen" (Seite 68) sind die oben angeführten Maßnahmen genauer beschrieben, auch der „Fehlerkompass" ab Seite 107 gibt Tipps, wie sich eine Veränderung der Bierrezepte auswirkt.

Diese Einschränkung vorausgeschickt, werden die folgenden Rezepte sicher helfen, ein Bier nach eigenem Geschmack zu brauen. Alle Angaben beziehen sich auf 10 l Fertigbier.

Die Arbeit können Sie sich wohl sehr erleichtern – und mögliche Fehler ausschließen – wenn Sie vor dem Brautag die Mengenangaben des Rezeptes auf Ihre Braumenge umrechnen und in das Brauprotokoll nach dem Muster auf Seite 20 eintragen, ebenso die Zeitangaben. Sie brauchen dann am Sudtag nur noch das Programm nach Protokoll „abzuspulen".

Weizenbier

Stammwürze:	11 bis 12%
Wasser:	Weiches Wasser ist vorteilhaft, Hefeweizen verträgt auch härteres Wasser.
Hauptguss:	8 l
Schüttung:	1,4 kg Weizenmalz 0,7 kg Gerstenmalz
Maischverfahren:	Zweimaischverfahren
Nachguss:	9 l
Hopfen:	10 bis 15 g, 2 Stunden kochen
Gärung:	Obergärig bei 12–22 °C
Lagerzeit:	3 bis 4 Tage bei 10–12 °C im Lagergefäß (Warmlagerung) 3 bis 4 Wochen bei 4–5 °C in der Flasche (Kaltlagerung)

Weizenbier, auch Bayerisches Weißbier genannt, kommt in zwei Versionen vor: trüb als Hefeweizen und klar als Kristallweizen. Weizenbier wird oft nach der Hauptgärung gleich in Flaschen abgefüllt, aber auch im Tank nachvergoren unter Spundung.

Bei **Kristallweizen** wird zur Klärung „Speise“ verwendet. Hierzu wird etwa 1 l Vorderwürze (bei 10 l Fertigbier) sofort nach dem Abläutern gesondert gekocht und anschließend im Kühlschrank aufbewahrt, bis die Hauptgärung der übrigen Würze beendet ist. Dann wird ½ bis 1 g Hausenblase (Näheres siehe Seite 111) der Vorderwürze zugegeben, das Ganze in das Lagergefäß gegeben und das Jungbier eingeschlaucht. Innerhalb der 3 bis 4 Tage der Gärung im Lagergefäß („Spunden“ wie auf Seite 79 beschrieben) wird die Hausenblase zu einer weitgehenden Klärung des Jungbieres führen, das sodann zur Kaltlagerung in die Flaschen kommt.

Bei **Hefeweizen** wird oft auch mit Speise – ohne Hausenblase – gearbeitet. Ich empfehle, das Bier sofort nach der Hauptgärung auf Flaschen zu füllen. Diese müssen dann im Abstand von einem Tag, zwei Tagen und weiteren Tagen kurz geöffnet werden, um etwas Druck abzulassen und ein Platzen der Flaschen zu verhindern.

Abwandlungen:

Exportweizen

Stammwürze:	mindestens 12,5%
Schüttung:	1,5 kg Weizenmalz/ 0,8 kg Gerstenmalz

Weizenbock

Stammwürze:	mindestens 16%
Hopfen:	15 bis 20 g
Schüttung:	2 kg Weizenmalz/ 1 kg Gerstenmalz

Weizendoppelbock

Stammwürze:	mindestens 18%
Schüttung:	2,2 kg Weizenmalz/ 1,1 kg Gerstenmalz

Der Anteil des Weizenmalzes kann von 50 bis 100% schwanken. Auch dunkle Weizenbiere werden gebraut.

Weizenbier mit Rohweizen

Wenn kein Weizenmalz verfügbar ist, kann ein durchaus vergleichbares Bier aus ungemälztem Weizenschrot gebraut werden (Sudverfahren wie Rohfruchtverfahren, siehe Seite 60). Weiteres Verfahren wie bei Weizenbier mit Weizenmalz.

Altbier

Stammwürze:	11,2 bis 12 %
Wasser:	Auch hartes Wasser ist verwendbar
Hauptguss:	8 l
Schüttung:	2,2 kg dunkles Malz
Maischverfahren:	Infusion, aber auch Ein- und Zweimaischverfahren
Nachguss:	9 l
Hopfen:	35 bis 50 g
Gärung:	Obergärig, Gärtemperatur aber nur 9 bis 13 °C
Lagerzeit:	2–3 Monate bei 5–7 °C

Das „alte“ am klassischen Altbier ist das Herstellungsverfahren: Wie in alten Zeiten wird ein dunkles Malz verbraut und obergärige Hefe verwendet. Um 1970 war Altbier nur noch im Rheinland und dem Zentrum Düsseldorf verbreitet, mittlerweile hat es wieder an Beliebtheit gewonnen.

Abwandlungen:
Altbier kann in allen Farbstufen hergestellt werden: aus hellem Malz, aus dunklem Malz und auch aus dunklem Malz mit Farbmalz, auch 10 bis 15 % Weizenmalz sind möglich. Wenn kein Dunkelmalz verfügbar ist, ergibt folgende Schüttung ein ansprechendes Ergebnis:

2,0 kg helles Malz, 100 g Farbmalz, 300 g Karamellmalz, 100 ml Zuckercouleur-Lösung 1:1 (entspricht nicht dem strengen Reinheitsgebot).

Kölsch

Stammwürze:	11 bis 12 %
Wasser:	Auch hartes Wasser kann verwendet werden
Hauptguss:	9 l
Schüttung:	2 kg helles Malz
Maischverfahren:	Infusion, auch Einmaischverfahren
Nachguss:	8 l
Hopfen:	30 bis 45 g
Gärung:	Obergärig, Gärtemperatur aber nur 9 bis 13 °C
Lagerzeit:	2–3 Monate (5–7 °C)

Kölsch ist eng mit dem Alt verwandt, aber immer hell. Der Name ist geschützt für Biere, die im Raum Köln gebraut werden.

Ein dem Kölsch entsprechendes Bier sollte als Einstieg in die Hobbybrauerei gebraut werden (siehe auch „Erster Brauversuch“, Seite 19).

Abwandlungen:
Bis zu 20 % Weizenmalz verwenden.

Lagerbier Hell

Stammwürze:	11 bis 12%
Wasser:	Mittelhart
Hauptguss:	9 l
Schüttung:	2 kg helles Malz
Maischverfahren:	Ein- oder Zweimaischverfahren
Nachguss:	8 l
Hopfen:	15 bis 25 g
Gärung:	Untergärig bei niedriger Temperatur
Lagerzeit:	1 bis 2 Monate

Lagerbier ist das leichteste, anspruchsloseste und in der Herstellung billigste untergärige Vollbier. Seltsamerweise hat sich trotzdem die deutsche Bezeichnung Lager in vielen anderen Sprachen als Fremdwort eingebürgert und soll Qualität andeuten.

Lagerbier eignet sich sehr gut als erster Versuch in Sachen untergäriger Brauerei.

Abwandlungen:
Es werden auch dunkle Lagerbiere gebraut. Entweder dunkles Malz verwenden oder:
1,8 kg helles Malz
100 g Farbmalz
400 g Karamellmalz
Eventuell Zuckercouleur (entspricht nicht dem Reinheitsgebot).

Pils

Stammwürze:	11 bis 12%
Wasser:	Sehr weich
Hauptguss:	9 l
Schüttung:	2 kg helles Malz
Maischverfahren:	Zwei- oder Einmaischverfahren Betonte Maltoserast (62 °C)
Nachguss:	8 l
Hopfen:	30 bis 50 g
Gärung:	Untergärig bei 4 °C
Lagerzeit:	Wenigstens 3 Monate nahe 0 °C

Beim Pils kommt dem Wasser entscheidende Bedeutung zu; die sehr starke Hopfung ist nur bei sehr weichem Wasser zu empfehlen. In Pilsen wurde nach dem Dreimaischverfahren gemaischt, aber die bei uns üblichen Malze erfordern weniger intensive Maischverfahren, um eine hoch vergärende Würze zu erhalten. Die Vergärung muss bei niedrigen Temperaturen langsam erfolgen.

Zur Herstellung eines wirklich guten Pilses gehört einige Erfahrung, geeignetes Malz und vor allem weiches Wasser. Hobbybrauer sollten zunächst nach dem oben beschriebenen Rezept, aber mit geringeren Hopfenmengen beginnen und dann bei späteren Suden die Hopfengabe so weit steigern, dass das Bier noch nicht unangenehm bitter schmeckt. Als „Kellerpils" gewinnt naturtrübes Pils immer mehr Freunde. Schon nach ungefähr einer Woche Hauptgärung wird auf Flaschen abgefüllt.

Export, Dortmunder Brauart

Stammwürze:	12,5 bis 13 %
Wasser:	Kann hart sein
Hauptguss:	9 l
Schüttung:	2,2 kg helles Malz
Maischverfahren:	Zweimaischverfahren
Nachguss:	8 l
Hopfen:	25 bis 30 g
Gärung:	Untergärig bei niedrigster Temperatur
Lagerzeit:	3 Monate

Dieses Bier ist heute der verbreitetste Typ des Exportbieres.

Export, Münchner Brauart Hell

Stammwürze:	12,5 %
Wasser:	Mittelhart
Hauptguss:	9 l
Schüttung:	2,1 kg helles Malz 200 g Karamellmalz
Maischverfahren:	Drei- oder Zweimaischverfahren, kräftig kochen, Rast bei 74 °C betonen
Nachguss:	8 l
Hopfen:	20 bis 25 g
Gärung:	Untergärig
Lagerzeit:	3 Monate

Mehr malzbetont und weniger gehopft als das Export nach Dortmunder Art. Verliert gegenüber den „schlankeren" Pilsner und Dortmunder Bieren stark an Boden.

Export, Dunkel nach Münchner Art

Stammwürze:	12,5 %
Wasser:	Mittelhart
Hauptguss:	7 l
Schüttung:	2,2 kg dunkles Malz 100 g Farbmalz
Maischverfahren:	Dreimaischverfahren
Nachguss:	10 l
Hopfen:	10 bis 20 g
Gärung:	Untergärig bei niedriger Temperatur
Lagerzeit:	2 Monate

Das dunkle Export ist die Urform des Münchner Bieres, malzig und wenig bitter. Heute wird auch in München vorwiegend Helles gebraut.

Abwandlungen:
Wenn kein dunkles Malz verfügbar ist:
2 kg helles Malz
300 g Karamellmalz
100 g Farbmalz
200 ml Zuckercouleur 1:1 (entspricht nicht dem Reinheitsgebot).

Märzenbier

Stammwürze:	13 bis 14%
Wasser:	Mittelhart
Hauptguss:	9 l
Schüttung:	2,4 kg Spezialmalz
Maischverfahren:	Dreimaischverfahren
Nachguss:	8 l
Hopfen:	20 g
Gärung:	Untergärig bei niedrigster Temperatur
Lagerzeit:	Bis 6 Monate

Märzenbier bekam seinen Namen von einem bayrischen Brauer-Brauch: Im März, vor Beginn der warmen Jahreszeit, wurde es gebraut und dann gelagert bis in den Spätsommer.

Klassisches Märzenbier ist kräftig goldgelb gefärbt. Sollten Sie Schwierigkeiten haben, geeignetes Malz zu beschaffen: Mit hellem Malz sollte kräftig gekocht und Karamellmalz verwendet werden.

Abwandlungen:
2 kg helles, gewöhnliches Malz
600 Karamellmalz.

Bockbier Hell

Stammwürze:	16 bis 18%
Wasser:	Kann mit verschiedenen Wassern gebraut werden
Hauptguss:	10 l
Schüttung:	2,9 kg helles Malz
Maischverfahren:	Zwei- oder Dreimaischverfahren
Nachguss:	7 l
Hopfen:	25 bis 50 g
Gärung:	Untergärig bei niedriger Temperatur
Lagerzeit:	Bis 6 Monate und mehr

Der Name Bockbier leitet sich ab von der Stadt Einbeck in Niedersachsen. Ein Braumeister aus dieser Stadt hat nämlich vor rund 400 Jahren in München ein Bier eingeführt, das dann, unter Verballhornung des Stadtnamens, den Namen Bock erhielt. Wurde der Bock zu Anfang der untergärigen Brausaison, im späten Herbst, gebraut, so war er im Mai trinkfertig – das Maibock kam so zu seinem Namen.

Die hellen Bockbiere waren nicht die Regel; der hohe Alkoholgehalt und Extraktgehalt passt an sich besser zu einem dunklen Bier.

Abwandlungen:
Wie Bockbier dunkel. Um einen vollmundigen Geschmack zu erhalten, kann Karamellmalz verwendet werden (200 g Malz werden durch 300 g Karamellmalz ersetzt).

Bockbier Dunkel

Stammwürze:	16 bis 18 %
Wasser:	Kann mit verschiedenen Wassern gebraut werden
Hauptguss:	8 l
Schüttung:	2,9 kg Dunkelmalz 100 g Farbmalz
Maischverfahren:	Dreimaischverfahren
Nachguss:	9 l
Hopfen:	20 bis 35 g
Gärung:	Untergärig bei niedriger Temperatur
Lagerzeit:	Bis 4 Monate und mehr

Wie beschrieben ist dies die Urform des Bockbieres.

Bei Bockbier (hell wie dunkel) ist die Ausbeute sehr gering, weil die geringe Wassermenge nicht ausreicht, um die Treber genügend auszulaugen. Daher werden gerne zusätzlich Nachgüsse gemacht und diese dann zum Einmaischen eines Vollbieres verwendet. Nach Bockbier sollte daher immer ein Vollbier gebraut werden.

Abwandlungen:

Doppelbockbier mit mindestens 18 % Stammwürze, Schüttung 3,3 kg.

Doppelbockbiere hören oft auf Namen, die auf -ator enden nach dem Münchner Salvator. Der (Kulmbacher) Kulminator soll das stärkste Bier der Welt sein, Stammwürze 28 %!

Weitere deutsche Biere

Berliner Weiße

Ein Weizenbier mit 7 bis 8 % Stammwürze (obergärig vergoren), das mit speziellen Bakterienkulturen angesetzt wird, um auch eine Milchsäuregärung zu bewirken, also die Umwandlung von Zucker in Milchsäure, ähnlich wie bei der Herstellung von Sauerkraut Die Bakterienkultur ist schwierig zu beschaffen, daher rate ich dem Hobbybrauer ab, sich an diesem Bier zu versuchen. Der Weizenanteil reicht bis 75 %, das Wasser kann hart sein. Das Maischverfahren ist weitgehend das Infusionsverfahren. „Berliner“ Weißbier darf nur Bier sein, das in Berlin hergestellt wurde. Getrunken wird Weißbier gerne mit Waldmeister- oder Himbeersirup.

Malztrunk

Die Stammwürze (11 bis 14 %) stammt nur zur Hälfte aus Malz, die Würze wird ober- oder untergärig vergoren. Dann wird Zucker zugesetzt, um die gesamte Stammwürze zu erreichen. Durch Pasteurisieren (erwärmen auf 60 bis 70 °C) wird die Gärung beendet, das Bier bleibt süß.

Malztrunk wird der Hobbybrauer kaum herstellen, Einzelheiten sind nachlesbar in dem Buch von Narziß, Abriss der Bierbrauerei, S. 361.

Süß- und Karamellbier

Dies ist ein Einfachbier, das ebenfalls kaum von Hobbybrauern hergestellt werden wird – es ähnelt einfach zu wenig dem, was wir unter Bier verstehen.

Spezialbier

Zumeist Festbier, wird besonders für Feste (Münchner Oktoberfest, Canstatter Volksfest, Weihnachtsbier, Osterbier) gebraut (untergärig). Es wird stärker eingebraut als Export, über 13 %, ähnelt diesem aber ansonsten sehr. Das Rezept für „Export, Münchner Brauart hell" kann unverändert übernommen werden, nur die Schüttung muss auf 2,4 bis 2,5 kg erhöht werden.

Diätpils

Die Stammwürze beträgt nur 11 %. Maischverfahren und Gärverfahren werden so ausgelegt, dass die Kohlehydrate möglichst weit vergären – das Bier ist kalorienarm, aber sehr alkoholhaltig – ein Bier, das auch Diabetiker und Übergewichtige in gewissen Mengen konsumieren können. Um möglichst viele vergärbare Zucker zu erhalten, müssen die Rasten bei jeweils niedrigen Temperaturen erfolgen (Eiweißrast 45 °C, Maltoserast 62 °C, Abläutern bei 73 °C). Einmaischverfahren und weiches, sehr weiches Wasser sind unabdingbare Voraussetzungen für das Gelingen eines Diätpilses. Schankbier lässt sich besonders günstig als Diätbier herstellen.

Alkoholarmes Bier, Light-Bier

Oft als alkoholfreies Bier bezeichnet, wird es dadurch alkoholarm, dass mit Methoden, die für den Hobbybrauer nicht verfügbar sind, dem Bier der Alkohol weitgehend entzogen wird.

Ausländische Biere

In jedem Land der Welt, in dem Bier gebraut wird (das sind nahezu alle Länder, sogar arabische Ölscheichs haben Spezialbrauereien für alkoholfreies Bier in ihren Ländern bauen lassen), haben sich eigene Biersorten entwickelt. Lokale, hauptsächlich klimatische Besonderheiten haben diese Entwicklung begünstigt. Zum Beispiel werden in heißen Ländern gerne alkoholarme, kohlensäurereiche Biere gebraut. Auch das jeweilige Bierrecht hat Einfluss auf die Braumethoden. Allgemein kann gesagt werden, dass sich überall auf der Welt untergäriges Brauen am deutschen Vorbild orientiert, auch wenn häufig ungemälzter Mais oder Reis mit verwendet werden oder wenn Kohlensäure künstlich zugesetzt wird oder Klärung und Schaumverhalten mit in Deutschland nicht zugelassenen Mitteln verbessert werden.

Obergäriges Brauen orientiert sich zumeist an englischen oder belgischen Vorbildern.

Rezepte für diese ausländischen Biere gibt es in fast unbegrenzter Zahl, der Abdruck würde den Rahmen dieses auf deutsche Verhältnisse zugeschnittenen Buches sprengen. Hinzu kommt, dass diese ausländischen Biere fast nie dem Reinheitsgebot entsprechen. Wer in dieser Richtung experimentieren will, kann per Internet englischsprachige Literatur über Bierbrauen recherchieren. Das Lehrbuch von de Clerck enthält ab Seite 835 hochinteressante Ausführungen über englische und belgische Biere.

Stellvertretend für die vielen ausländischen Biersorten sei ein Rezept für ein weit verbreitetes **englisches Bier** in einer auf deutsche Verhältnisse umgearbeiteten Form wiedergegeben.

Pale Ale

Stammwürze:	12%
Wasser:	Mäßig hart
Hauptguss:	9 l
Schüttung:	1,6 kg Malz 100 Karamellmalz 200 g Zucker
Maischverfahren:	Aufsteigende Infusion (wie auf Seite 54 ausführlich beschrieben, das Original wird mit den in England gebräuchlichen Malzen in absteigender Infusion gebraut)
Nachguss:	8 l
Hopfen:	35 bis 45 g
Gärung:	Obergärig 15 bis 20 °C
Lagerzeit:	4 Wochen auf der Flasche

Dieses Rezept entspricht dem (gemilderten norddeutschen) Reinheitsgebot. Wer daran nicht festhalten will, kann abwandeln.

Abwandlungen:

Dem Wasser kann 1 TL Gips zugegeben werden.

Die Schüttung kann durch Maisflocken oder Gerstenflocken ergänzt werden.

Biere beurteilen

Sie werden es sicher kaum erwarten können, bis die empfohlene Lagerzeit vorbei ist und Sie Ihr Bier probieren können. Beim Eigenbräu kommt diesem Probieren bestimmt eine ganz besondere Bedeutung bei, sind Sie doch Produzent und Konsument in einem. Bier probieren bedeutet nicht nur – wie bei gekauftem Bier – festzustellen, ob es schmeckt. Es bedeutet gleichzeitig zu prüfen, was am Herstellungsverfahren geändert werden kann, um noch besser einem bestimmten, dem eigenen Geschmacksempfinden entsprechenden Biertyp nahe zu kommen, oder, schlimmerenfalls, um Geschmacksfehler oder gar Infektionen erkennen und Gegenmaßnahmen ergreifen zu können.

Bier soll – vor allem anderen – schmecken. Dazu kommt noch, dass das Auge, ebenso wie es bekanntlich mitisst, auch beim Trinken unser Urteil mitbestimmt. Keine Bierprüfung kann daher auf einen sensorischen Teil, auf eine Sinnesprüfung verzichten. Daneben freilich können auch chemische und physikalische Prüfungen, eine analytische Prüfung, wichtige Schlüsse erlauben.

Die Geschichte der Bierprüfungen ist so alt wie das Bier selbst – da es zu allen Zeiten Bierfälscher gegeben hat, gab es zu allen Zeiten Versuche, den Bierfälschern auf die Schliche zu kommen. Kaum ein Buch über das Bier lässt jene Geschichte aus vom Biertest per Lederhose: Bier wird auf eine Bank gegossen, die Herren Bierprüfer setzen sich darauf und werden sich in den folgenden Stunden wohl der intensiven Geschmacksprüfung widmen. Dann folgt die analytische Prüfung: Die Herren erheben sich gleichzeitig. Bleibt die Bank am Hintern der Herren Prüfer kleben, so ist das Bier in Ordnung. Inwieweit freilich dieses Ergebnis etwas mit der Qualität des Bieres zu tun haben soll, ist wissenschaftlich nicht nachvollziehbar. Diese Art der Bierprüfung wird daher wohl in den Bereich des Ulkes gehören.

Die sensorische Prüfung

Wir werden wohl etwas ernsthafter vorgehen müssen als jene Lederhosenbodenbierprüfer, aber zumindest die sensorische Prüfung braucht nicht weniger amüsant zu sein. Vielleicht laden Sie noch einige Freunde ein – aus Gründen der Objektivität ist dies allemal zu empfehlen – und machen eine Bierprobe.

Tipp: Bedenken Sie bei einer Bierprobe: Auch wenn Sie Ihr Bier sorgfältigst nach den Regeln der Brauwissenschaft hergestellt haben, wenn Sie es unter ungünstigen Bedingungen servieren, wird die wahre Qualität nie erkennbar sein.

Die wichtigste Bedingung ist die richtige **Temperatur**: Untergäriges Bier schmeckt am besten, wenn es bei einer Temperatur von 8 bis 10 °C getrunken wird. Vor dem Einschenken sollte das Bier auf etwa 6 °C gekühlt werden, damit die angestrebte Trinktemperatur sich dann im Glas einstellt.

Obergäriges Bier soll angeblich bei 14 bis 15 °C (so de Clerck) getrunken werden. Das ist aber wohl Geschmackssache. Deutsches obergäriges Bier ist bei den für untergäriges Bier angegebenen Temperaturen, allenfalls knapp wärmer, auch sehr günstig temperiert. Entscheidend sind hier nicht feste Regeln, sondern der Geschmack jedes einzelnen, wie sich der Hobbybrauer überhaupt nicht unbedingt nach vorgegebenen Regeln, sondern nach dem eigenen Geschmacksempfinden richten sollte.

Zum wahren Biergenuss gehört sicherlich auch das geeignete **Trinkgefäß**. Die Zeiten, in denen das Bier aus so absonderlichen Trinkgefäßen wie Büffelhörnern und Totenschädeln getrunken wurde, sind sicherlich vorbei, auch hölzerne Bierkrüge sind nicht mehr gebräuchlich. Aber es gibt heute mehr denn je eine Vielzahl von mehr oder weniger geeigneten Trinkgeräten.

Für jedes Bier gibt es typische Glasformen. Stangen für Kölsch, Becher für Alt, Tulpen für Pils oder die typischen Weizenbiergläser sind jedem bekannt. In unserer Zeit wurden im Bestreben, sich vom Gebräuchlichen abzuheben, immer neue Formen erfunden. An sich kann man Bier aus jedem Glas trinken, und so sind auch fast alle Glas-Schöpfungen biertauglich. Besonders wichtig ist jedoch, dass ein Bierglas den Schaum hält – und das tun besonders Gläser, die sich nach oben verjüngen. Die Pils-Tulpe in klassischer oder in abgewandelter Form erfüllt diese Anforderung mustergültig.

Auch aus Krügen aus Porzellan oder Ton („Stein") wird seit alters her Bier getrunken – aus Krügen mit und ohne Zinndeckel. Auch Gläser werden in Krugform mit Henkel hergestellt. Krüge haben ein ganz besonderes zünftiges Image; sie werden für viele Biersorten verwendet. Für Hobbybrauer haben Krüge aus undurchsichtigem Material den unschätzbaren Vorteil, dass leichte Trübungen nicht erkennbar sind. Ob die Zinndeckel eine weitergehende Funktion haben, ist ungewiss, jedenfalls verhindern sie, dass Fliegen ins Glas fallen, oder aber auch Blätter und Blüten von den Bäumen, unter deren Blätterdach Sie vielleicht Ihr Eigenbräu schlürfen. Wer aber Bier aus Weingläsern, Kaffeetassen, Zahnputzbechern oder Mineralwassergläsern trinkt, begeht eine Sünde wider alle Tischsitten. Da zeugt der verpönte, als wenig fein geltende, genussvolle Zug aus der Flasche noch vergleichsweise von ausgeprägtem Sinn für Trinkkultur.

Jedes Trinkgefäß muss so gereinigt werden, dass Geschmack und Schaum des Bieres nicht beeinträchtigt werden. In der Gastronomie werden spezielle Spülmittel verwendet, im Privatbereich wird es genügen, Biergläser und Bierkrüge unmittelbar nach dem Gebrauch mit heißem Wasser – ohne Zusatz – zu spülen. So wird das Bier durch keinerlei Spülmittelrückstände beeinflusst.

Auch das richtige **Einschenken** beeinflusst den Geschmack des Bieres. Stark schäumendes Bier sollte man so einschenken, dass das Bier am Glas entlangläuft und so wenig Schaum entwickelt. Erst zum Schluss wird noch die Schaumkrone aufgesetzt, indem das Bier in vollem Strahl eingegossen wird.

Umgekehrt lässt sich auch bei wenig schäumendem Bier noch eine passable Schaumkrone erreichen, wenn das Bier mit freiem Guss ins Glas läuft. Allerdings geht die Schaumbildung dann auf Kosten der Spritzigkeit des Bieres, denn die Kohlensäure, die den Schaum bildet, fehlt dann im Bier.

Auch die **Gärbedingungen** wirken sich auf den Bierschaum aus: Wenn die Nachgärung bei zu hoher Temperatur (aber mit Spundungsdruck) erfolgt, bindet sich die Kohlensäure zunächst nur lose im Bier. Wird nun das Bier vor dem Trinken im Kühlschrank schnell gekühlt, bindet sich die Kohlensäure fester an das Bier; wird dieses eingeschenkt, bildet sich nur wenig Schaum, allerdings kann das Bier dann trotzdem durchaus spritzig schmecken. Wird das Bier dagegen nicht besonders gekühlt, bildet sich zwar Schaum, aber das Bier schmeckt von Anfang an schal.

Hobby-Bier wird nicht filtriert, es bildet sich daher immer ein leichtes Trub-Depot am Flaschenboden. Damit dieser Trub nicht aufgewirbelt wird, dürfen die Flaschen nur sehr vorsichtig bewegt werden. Besonders beim Einschenken müssen heftige Bewegungen vermieden werden, die Flasche darf nur ganz langsam in die Waagrechte geneigt werden. Ist ein Glas voll, so wird die Flasche nur soweit aus der Waagrechten genommen, dass gerade noch kein Bier mehr ausläuft, anschließend wird das nächste Glas eingeschenkt.

Am besten ist es natürlich, wenn Gläser verwendet werden, die den Inhalt einer ganzen Flasche aufnehmen können.

Ein Dekantieren wie bei Rotweinen, ein Abtrennen des Trubes durch Umfüllen des Weines in eine Karaffe, kommt bei Bier wegen des dabei unvermeidlichen Kohlensäureverlustes nicht in Frage.

Kellertrübes Bier bereitet hier natürlich wieder keine Probleme.

Eine Geschmacksprüfung setzt nicht nur die richtige Trinktemperatur, das richtige Glas und ein richtiges Einschenken voraus. Dazu gehört auch, dass der Bierprüfer selbst in einer Verfassung ist, die es ihm möglich macht, alle Nuancen des Bieres zu erfassen. Man sollte während einer Bierprobe nicht rauchen, weil dadurch das Geschmacksempfinden gestört wird. Werden mehrere Biere hintereinander verkostet, sollte zwischen zwei Bieren jeweils ein Bissen Brot gekaut werden, um das zuvor probierte Bier geschmacklich zu neutralisieren.

Es gibt verschiedene Verfahren zur Bewertung von Bieren. Beliebt sind Punkteschemata, da sich so eine Rangfolge nach den erreichten Punktzahlen feststellen lässt, was bei Bierprämierungen von Bedeutung ist.

So tierisch ernst werden Sie Ihre Bierprobe wohl kaum machen wollen. Es genügt, wenn Sie sich einen Eindruck nach folgender Tabelle verschaffen.

Eigenschaft	unterentwickelt	richtig	überentwickelt
Farbe	untypisch hell	sortentypisch	untypisch dunkel
Klarheit	trübe	klar	–
Schaum	wenig, zerfallend	dicht, haltbar	wild, überschäumend
Vollmundigkeit	leer	süffig	süß, pappig
Rezenz	schal, abgestanden	prickelnd, spritzig	–
Bittere	fad	mild, angenehm	rau, kratzig

Tipp: Am besten lässt sich ein Eindruck von der Güte eines Bieres im direkten Vergleich gewinnen. Sie sollten daher nie Ihr eigenes Bier allein verproben, sondern immer einem vergleichbaren Gekauften gegenüberstellen.

Besonders unverfälschte Ergebnisse erzielt man bei **verdeckten Proben**, wenn also der Prüfer nur die Bierproben nach Codeziffern oder Buchstaben unterscheiden kann, ohne zunächst zu wissen, welches Bier sich hinter dem Code verbirgt. Es ist dann schon vorgekommen, dass Brauereibesitzer ihr eigenes Bier (laut Werbung natürlich das Beste vom Besten) als nahezu ungenießbar eingestuft haben …

Eine solche vergleichende Probe wird Ihnen schnell zeigen, wo Ihr Bier noch Mängel aufweist. Der Fehlerkompass (siehe Seite 107) wird Ihnen helfen, die richtigen Abhilfemaßnahmen zu ergreifen.

Die analytische Prüfung

Ob uns ein Bier nun schmeckt oder nicht schmeckt, dies festzustellen entzieht sich der Fähigkeit des Chemikers. Wir trinken ein Bier schließlich nicht nach Analysewerten, sondern wir beurteilen es nach der Summe aller Eindrücke, die wir beim Trinken erfahren. Aber ganz können wir auf eine naturwissenschaftliche Analyse nicht verzichten, liefert sie doch unbestechlich Zahlenwerte, die uns helfen können, bestimmte Braufehler aufzudecken.

Im wissenschaftlichen Labor lässt sich heute ein Bier auf unzählige Inhaltsstoffe hin untersuchen, selbst wenn diese nur in kleinster Konzentration vorhanden sind. Schon im praktischen Betrieb einer Brauerei beschränken sich diese Untersuchungen auf wenige, besonders aussagekräftige Methoden. Der Hobbybrauer schließlich wird sich noch mehr beschränken müssen, deshalb sind im Anschluss nur solche Methoden beschrieben, die besonders wenig Aufwand erfordern und leicht und schnell zu verwertbaren Ergebnissen führen.

Bestimmung des Extraktes

Wie wir gesehen haben, wandelt sich der beim Maischen gebildete Zucker im Verlauf der Gärung in Alkohol und Kohlensäure um. Wird nun das fertige Bier gespindelt, so misst man einen Extraktgehalt, der nur noch ein Viertel bis ein Drittel des Stammwürzeextrakts beträgt. Da der im Bier enthaltene Alkohol weit leichter ist als Wasser, täuscht diese Spindelangabe einen niedrigeren Extraktgehalt vor, als dem wirklichen Extrakt entspricht. Man könnte natürlich den Alkohol vor der Messung verdampfen und so den wirklichen Extrakt messen, aber man begnügt sich im Allgemeinen damit, das Bier samt dem enthaltenen Alkohol zu spindeln. Man erhält so den Wert für den scheinbaren Extrakt. Setzt man diesen Wert in Beziehung zum Extrakt der Stammwürze nach der unten stehenden Formel, so erhält

Formel:

$$\frac{\text{Extrakt der Stammwürze} - \text{Extrakt des Bieres}}{\text{Extrakt der Stammwürze}} \times 100 = \text{Vergärungsgrad}$$

man den scheinbaren Vergärungsgrad des Bieres. Der **Vergärungsgrad** gibt also an, inwieweit die im Bier beim Maischen gelösten Stoffe bei der Gärung umgesetzt wurden. Mit Hilfe des Vergärungsgrades lassen sich Begriffe wie „hoch vergoren" oder „niedrig vergoren" zahlenmäßig bestimmen. Natürlich gibt es keinen „richtigen" Vergärungsgrad, die folgenden Angaben können daher nur Anhaltspunkte liefern:

Helle Lagerbiere	75 bis 80 %
Helle Exportbiere, Pilsner, helle Bockbiere	80 bis 83 %
Dunkle Biere	63 bis 70 %
Obergärige Biere	bis 85 %
Altbier manchmal aber auch	nur 70 %

An sich sollte der scheinbare Vergärungsgrad auch mit dem Endvergärungsgrad verglichen werden, das ist der theoretisch insgesamt erreichbare Vergärungsgrad. Der Endvergärungsgrad (0,5 bis 6 % über dem scheinbaren Vergärungsgrad) ist nur zu ermitteln, wenn ein Teil des Bieres versuchsweise unter Bedingungen vergoren wird, die zwar eine vollständige Vergärung, aber nur eine mangelhafte Bierqualität erbringen. Wegen des damit verbundenen Verlustes an trinkbarem Bier und der sowieso mangelnden Messgenauigkeit wird der Hobbybrauer auf die Ermittlung des Endvergärungsgrades verzichten. Der scheinbare Vergärungsgrad gibt zumindest Hinweise genug, um im Vergleich mit anderen, eigenen Suden Fehler aufzuspüren

Der Säuregrad

Der Säuregrad einer Flüssigkeit wird als **pH-Wert** ermittelt, als Konzentration der Wasserstoff-Ionen (chemische Bezeichnung H^+). Eine neutrale Lösung zeigt einen pH-Wert von 7 an (das bedeutet, dass die H-Ionen in einer Konzentration von 10^{-7} vorhanden sind), die Laugen liegen im Bereich über 7 bis 14. Säuren dagegen ergeben einen pH-Wert unter 7 bis 0. Eine Flüssigkeit ist also umso saurer, je niedriger der pH-Wert ist. Bier muss, wenn es geschmacklich zufrieden stellend und haltbar sein soll, einen pH-Wert von 4,3 bis 4,8 aufweisen (obergäriges Bier auch darunter, ab 4,1), sich also sehr deutlich im sauren Bereich bewegen. Die Kontrolle des pH-Wertes ist auch für den Hobbybrauer sehr wichtig, weil ein zu hoher pH-Wert unbedingt besondere Maßnahmen erfordert. Die einfachste Maßnahme ist, bei künftigen Suden weniger hartes Wasser zu verwenden.

Die Kontrolle des pH-Wertes ist denkbar einfach: In der Apotheke gibt es Indikatorpapiere, die sich je nach Säuregrad verfärben. Eine mitgelieferte Farbtabelle ermöglicht es, je nach Verfärbung den pH-Wert abzulesen. Für den Bier-pH sind Indikatoren geeignet, die im Bereich von pH 4,0 bis pH 7,0 wirken, die Kosten belaufen sich auf wenige Euro.

Jodprobe

Wenn Trübungen auftreten, sollte zunächst die Jodprobe, wie schon beim Maischen beschrieben (siehe Seite 53), darüber Aufschluss verschaffen, ob noch unverzuckerte Stärke im Bier enthalten ist. Wenn dies der Fall ist, so kann mit Malzauszügen möglicherweise eine Besserung erreicht werden, in jedem Fall muss bei künftigen Suden der Verzuckerung mehr Aufmerksamkeit gewidmet werden. Eine sehr häufige Fehlerquelle liegt im Abläutern: Wasser ab 80 °C löst unverzuckerte Stärke, die Enzyme sind bereits nicht mehr wirksam und spätere Trübungen sind unvermeidlich.

Mikroskopische Untersuchung

Es ist grundsätzlich sinnvoll, ein trübes Bier unter dem Mikroskop zu untersuchen. Wenn ein Hobbybrauer die Möglichkeit dazu hat, sollte er dies tun. Gebraucht wird ein Mikroskop, das eine 600fache Vergrößerung möglich macht. Auch der Laie wird sehr schnell feststellen, ob es sich um physikalisch-chemische (also „tote") Trübungen handelt oder um Infektionen mit lebenden, also sich verändernden Kleinstlebewesen. Um freilich weitergehende Schlüsse aus einer mikroskopischen Untersuchung zu gewinnen, muss viel Erfahrung vorhanden sein. Die Fotos auf den Seiten 33 und 114 können Hinweise geben.

Fehlerkompass

Die folgenden Tabellen zeigen, welche Fehler ein Bier aufweisen kann, wie diese Fehler zu vermeiden gewesen wären und wie (wenn überhaupt) der Fehler zu beseitigen ist. Es ist jeweils angegeben, wo die vorgeschlagene Maßnahme genauer beschrieben wird.

Eigenschaft	Fehler	Vermeidung des Fehlers	Seite	Beseitigung des Fehlers	Seite
Farbe	Dunkles Bier ist zu hell	Dunkleres Malz verwenden, Farbmalz verwenden, Zuckercouleur verwenden	43 45	Zuckercouleur dem Fertigbier zugeben. Besser: Fehler hinnehmen	45
	Helles Bier ist zu stark gefärbt	Helleres Malz verwenden, Teilmaischen kürzer kochen, Würze kürzer kochen	55 70	Praktisch sollte die zu starke Färbung hingenommen werden, theoretisch kann mit Aktivkohle entfärbt werden	113
Klarheit	Bier bleibt trübe, Jodprobe zeigt Blaufärbung	Maischen durch Jodprobe überprüfen, Rast bei 72 bis 74 °C verlängern, weniger heiß anschwänzen	53 52 66	Dem Jungbier wird ein Malzauszug zugegeben	110
	Trübung durch Eiweiß	Weniger heiß anschwänzen, Würze länger kochen, nach dem Kochen der Würze schneller abkühlen	66 70 71	Klärung mit Hilfe eines eiweißfällenden chemischen Klärmittels (Tannin, Bentonit, nach dem Reinheitsgebot teilweise nicht erlaubt), Bier länger lagern	111 81
	Trübung durch Gerbstoffe, Hefetrub	Bier länger lagern	81	Klärung mit Hilfe geeigneter Klärmittel (Hausenblase, Agar-Agar, nach dem Reinheitsgebot teilweise nicht erlaubt), Bier länger lagern	111 81

Eigenschaft	Fehler	Vermeidung des Fehlers	Seite	Beseitigung des Fehlers	Seite
Klarheit	Trübung durch Infektion. Im Mikroskop zeigen sich Kleinstlebewesen	Stärker säuern – siehe pH-Wert, stärker hopfen, höher vergären, abfüllen ohne Kohlensäureverlust, abfüllen ohne Luftberührung	 106 67 74 82	Pasteurisieren, verbrauchen, bevor Schädigung weiter fortschreitet	114
	Kältetrübung: Bier ist zunächst klar, bei Abkühlung (im Kühlschrank) wird es jedoch trüb	Nachgärung bei so niedriger Temperatur, dass Kältetrübung sich schon vor der Klärung ausscheidet	77	Trübung verschwindet, wenn Bier sich wieder erwärmt	
Geruch Geschmack	Fremdgerüche aller Art zumeist in Verbindung mit entsprechendem Geschmacksfehler	Geräte und Keller peinlichst sauber halten, Berührung mit Schimmel und Metallen verhindern, Belichtung des Bieres verhindern	110	Aktivkohle kann theoretisch helfen, hat praktisch aber viele Nebenwirkungen	113
Schaum	Es bildet sich zu wenig Schaum	Hauptgärung weniger lang ausdehnen, Nachgärung bei niedriger Temperatur, Nachgärung bei höherem Spundungsdruck So abfüllen, dass weniger Kohlensäure verloren geht, Flaschenverschlüsse auf Dichte überprüfen	74 77 77 82 88	Zucker zugeben und neu vergären oder Trockeneis zugeben (beides nach dem Biersteuergesetz nicht zugelassen), Lagerdauer verlängern	110 113
	Wildwerden: Bier schäumt über	Malzsorte wechseln, stärker hopfen, Metalle vom Bier fernhalten	70	Flaschen kurz hintereinander öfters öffnen und wieder verschließen, sobald Bier überschäumt.	
	Schaum bildet sich zwar, fällt aber gleich wieder zusammen	Bei höherer Temperatur einmaischen, Eiweißrast abkürzen, sorgfältiger, klarer abläutern, stärker hopfen, Würze länger kochen (damit Hopfen besser ausgenutzt wird), Würze kürzer kochen (damit weniger Stickstoff ausgefällt wird), Heißtrub besser entfernen, bei niedrigerer Temperatur vergären	51 52 63 67 67 70 74	Schaummittel zugeben (nach dem Biersteuergesetz nicht zugelassen)	112

Eigenschaft	Fehler	Vermeidung des Fehlers	Seite	Beseitigung des Fehlers	Seite
Rezenz	Bier schmeckt schal	Wie: „Es bildet sich zu wenig Schaum"		Ebenfalls wie oben Bier kühler einschenken	
Vollmundigkeit	Bier schmeckt leer	Stammwürze erhöhen, Karamellmalz verwenden, Einmaischen bei niedrigerer Temperatur, Eiweißrast verlängern, Teilmaischen länger kochen, stärker hopfen, letzte Kochmaische als Lautermaische	47 44 53 51 55 67 56	Beschriebene Versäumnisse lassen sich nicht mehr ausgleichen	
	Bier ist süß und pappig	Maltoserast verlängern, Nachgärung bei niedriger Temperatur länger ausdehnen, letzte Kochmaische als Dickmaische	52 77 56	Zucker zugeben und neu vergären, aufkräusen	110
Bittere	Bier ist zu bitter	Weicheres Wasser verwenden, weniger hopfen, frischeren, besseren Hopfen verwenden, Bier länger lagern	36 67 30 81	Bier noch etwas lagern	81
	Bier ist zu wenig bitter	Stärker hopfen, Hopfengabe in mehreren Teilen, nochmals kurz vor Ende des Würzekochens nachhopfen, Würze länger kochen, Hopfenstopfen	67 68 67 112	Hopfenstopfen, Hopfenextrakt zugeben (nach dem Biersteuergesetz nicht erlaubt)	112 32
Säuregrad	pH-Wert über 4,8 im Bier oder über 5,2 in der Würze oder über 5,4 in der Maische	Weicheres Wasser verwenden, Sauermalz verwenden, Milchsäure vor dem Würzekochen zugeben, so dass ein pH von 5,4 in der Würze entsteht (nach dem Biersteuergesetz nicht erlaubt) Bessere Gärbedingungen schaffen	36 45 41 74	Der richtige Säuregrad muss spätestens beim Würzekochen eingestellt sein. Eine nachträgliche Korrektur des Bier-pH verbessert noch die biologische Stabilität	 106 106

Mängel und Fehler beseitigen

Vorbeugen ist besser als Heilen – das gilt beim Bier in besonderem Maß. Ist nämlich beim Bierbrauen erst einmal etwas schief gelaufen, so lässt sich zwar theoretisch meist noch etwas retten, aber praktisch ist es so, dass die möglichen Rettungsmaßnahmen zwar durchaus wirkungsvoll sind, aber das Bier zugleich wieder anderweitig beeinträchtigt wird.

Trotz dieser Einschränkungen sind anschließend verschiedene Möglichkeiten beschrieben, um Bierfehler zu bekämpfen. Immer sollte aber erwogen werden, ob die Schädigung nicht lieber hingenommen werden sollte. Meistens ist es besser, das Bier schnell aufzubrauchen, bevor es noch schlechter wird. Bei den einzelnen Maßnahmen wird auf die Nebenfolgen eingegangen.

Achtung: Bedenken Sie, dass das Reinheitsgebot die genannten Maßnahmen nur zum Teil zulässt.

Aufkräusen

Es kann sich als notwendig erweisen, eine zunächst beendete Gärung wieder in Gang zu bringen. Einmal könnte sein, dass die Gärung vor Umsetzung des gesamten vergärbaren Zuckers zum Stocken kommt, etwa weil die Temperatur zu sehr abgesunken ist. Aber auch zu kohlensäurearme Biere können durch Zuckerersatz (nach dem Biergesetz nur bedingt erlaubt) und eine erneute Gärung noch verbessert werden. In beiden Fällen kann die Gärung nur durch Aufkräusen wieder in Gang gebracht werden.

Unter **Kräusen** versteht man den hefehaltigen Schaum, der sich im ersten Teil der Hauptgärung auf dem Bier bildet. Unter Aufkräusen versteht man die Zugabe der Kräusen zum Bier.

Die Kräusen – eventuell auch der Zucker – werden in das Bier eingerührt und dann wird das Bier wie üblich weiterverarbeitet. Ganz besonders muss aber darauf geachtet werden, dass der Erfolg des Aufkräusens nicht durch erneuten Kohlensäureverlust zunichte gemacht wird – das Bier muss entweder gespundet oder aber einer Flaschengärung unterzogen werden. Voraussetzung für das Aufkräusen ist freilich, dass zum richtigen Zeitpunkt ein weiteres Bier zur Verfügung steht, das sich gerade im Kräusenstadium befindet. In der Brauerei ist das natürlich kein Problem, es wird ja laufend gesotten und vergoren. Hobbybrauer werden zwar nicht jederzeit Kräusen zur Verfügung haben, aber es kann dann ein ähnlicher Erfolg erzielt werden, wenn rechtzeitig etwas Hefe in Zuckerwasser zur Gärung gebracht und anstatt der Kräusen dem Bier zugegeben wird.

Malzauszug zusetzen

Wenn im Jungbier oder im fertigen Bier die Jodprobe noch eine Blaufärbung zeigt, so beweist dies, dass noch unverzuckerte Stärke im Bier gelöst ist. Diese Tatsache deutet auf einen schweren Fehler bei der Sudarbeit hin und sollte an sich nicht vorkommen. Wenn das Malheur schon passiert ist, so kann die Verzuckerung nachträglich noch erreicht werden, indem dem Bier ein Malzauszug zugesetzt wird.

Der Malzauszug wird beim nächsten Sud während der Maltoserast, wenn sich die Treber gut abgesetzt haben, möglichst klar abgeschöpft.

Notwendig sind rund 1 % der Biermenge, also 100 ml je 10 l Bier. Der Malzauszug wird dem Bier zugegeben, die enthaltenen Enzyme werden die Stärke in Zucker verwandeln. Wird anschließend aufgekräust, so vergärt dieser neu gebildete Zucker bei der folgenden Gärung.

Klärung mit chemischen Hilfsmitteln

Im Allgemeinen werden Biere nach längerer Lagerzeit mehr oder weniger geklärt sein. In früherer Zeit hat man die Biere so hingenommen, wie sie sich von Natur aus entwickelt haben. Heute verlangt der Konsument völlig geklärte Biere ohne jede Trübung – und die Brauereien stellen sich auf dieses Verlangen ein (das sie aus Konkurrenzgründen selbst erzeugt haben?), indem das Bier durch Filtration von jeglichem Trubteil befreit wird. Dabei wird eine besonders wirksame Form der Filtration angewendet: Das Bier wird mit Kieselgur versetzt. Auf dem Filter bildet die Kieselgur dann die eigentliche Filterschicht, die die Trubteile zurückhält. Der Hobbybrauer kann dieses Verfahren nicht anwenden, weil hierzu zur Vermeidung von Kohlensäureverlusten ein geschlossenes Filtersystem notwendig ist. Ein Kaffeefilter ist gänzlich ungeeignet, ein damit geklärtes Bier ist kaum trinkbar, weil nahezu die gesamte Kohlensäure verloren geht.

An sich muss dem Hobbybrauer empfohlen werden, Trübungen soweit nur erträglich hinzunehmen. Allerletzte Klärung ist womöglich der Bierqualität gar nicht zuträglich; ich weise an dieser Stelle auf die gezielt hefehaltigen Biere hin. Wenn jedoch unbedingt ein klares Bier gewünscht ist, so gibt es für den Hobbybrauer nur den Weg einer Klärung mit chemischen Hilfsmitteln, mit Schönungsmitteln.

Diese Mittel lagern die Trubteile an und die so entstehenden größeren, schwereren Teile sinken dann zu Boden, das Bier wird klar. Die einzelnen Schönungsmittel wirken aber nur gezielt gegen bestimmte Trübungen. Die Schwierigkeit besteht nun darin, den Charakter einer Trübung zu erkennen. Hier hilft oft nur Probieren, oder die Erfahrung, dass eine bestimmte Trübung gerade in Ihrer „Brauerei" besonders häufig vorkommt.

Zur Beseitigung einer Trübung durch schlecht absitzende Hefen wird, hauptsächlich bei obergärigen Bieren, vorzugsweise **Hausenblase** verwendet. Das ist die getrocknete Fischblase vom Stör, Wels oder Hausen (die englische Bezeichnung lautet isinglas, das Mittel ist auch unter dieser Bezeichnung im Handel). Hausenblase wird in Blättern geliefert und in einer Dosierung von 0,5 bis 1 g je 10 l Bier verwendet. Die Blätter werden zerrieben und in etwa 1 l Bier angesetzt. Nach einigen Tagen Quellung wird der Ansatz in das Bier eingerührt, dabei muss darauf geachtet werden, dass nicht zu viel Kohlensäure freigesetzt wird. Anschließend wird abgewartet, bis sich das

Schönungsmittel abgesetzt hat, dann kann das Bier auf Flaschen oder ins Fass gefüllt werden. Schönungsmittel und abgesetzter Trub bleiben mit der Hefe im Gärgefäß zurück.

Agar-Agar, auch als Isländisch-Moos bekannt, wird auf ähnliche Weise verwendet. Die Dosierung ist ebenfalls 0,5 bis 1 g je 10 l.

Trübungen, die auf Eiweiß zurückzuführen sind, werden am schonendsten mit **Tannin**, einem Gerbstoff, behandelt. Es werden 0,3 bis 1 g je 10 l verwendet. Tannin wird in einer kleinen Menge Bier aufgelöst und in die Gesamtmenge eingerührt.

Noch weit wirksamer gegen Eiweißtrübungen sind die **Bentonite**, das sind Mineralien vulkanischen Ursprungs. Eingesetzt werden bis 10, in Extremfällen bis 50 g je 10 l, die in etwas Wasser verquollen werden. Einige Stunden absitzen lassen, das nicht aufgenommene Wasser dann abgießen, dem Bentonit-Brei etwas Bier zugeben und das Ganze in das Bier einrühren.

Bentonit beeinträchtigt die Vollmundigkeit und das Schaumverhalten beträchtlich, daher nur in besonderen Fällen anwenden.

Im Zubehörhandel sind auch Kombinationen der beschriebenen Wirkstoffe erhältlich; die Gebrauchsanweisungen enthalten Hinweise zur Anwendung.

Wie mehrfach erwähnt, sollten die beschriebenen Klärmittel möglichst nicht angewendet werden. Ein Verlust an Rezenz, Vollmundigkeit und Schaum ist unvermeidliche Nebenwirkung. Zur Abmilderung dieser Nebenwirkung kann die Zugabe von Zucker, Aufkräusen und anschließende Nachgärung auf der Flasche unumgänglich sein, Reinheitsgebot hin oder her.

Aber: Kann das Bier nicht auch trübe getrunken werden? Vielleicht klärt es sich sogar im Verlauf der nächsten Wochen noch ganz gut?

Schaummittel verwenden

Das deutsche Biergesetz gestattet es nicht, zur Stabilisierung des Schaumes chemische Mittel zu verwenden. Ausländische Biere enthalten häufig chemische Schaummittel. Wenn ein Hobbybrauer glaubt, nicht darauf verzichten zu können, so kann er im Fachhandel ein solches Mittel beziehen. Die Zugabe erfolgt nach Anweisung des Herstellers. Wichtiger wäre aber die Ursachenforschung (siehe Fehlerkompass, Seite 107), um bei künftigen Suden ganz auf solche Mittel verzichten zu können.

Hopfenstopfen

Unter Hopfenstopfen versteht man die Zugabe von Hopfen zu dem fast fertigen Bier, um das Hopfenaroma zu verstärken. Manche Autoren empfehlen das Hopfenstopfen auch, weil es ein besonders feines Hopfenaroma ergeben soll. In beschränktem Ausmaß lässt sich so eine zu geringe Hopfengabe beim Würzekochen ausgleichen, allerdings lässt sich Hopfen im Bier nicht so weitgehend auslaugen, wie dies beim Kochen geschieht.

Man verwendet für das Hopfenstopfen besser nicht Hopfenpellets, sondern ganzen Hopfen, der in Leinensäckchen eingenäht wird, es werden üblicherweise 5 bis 10 g je 10 l Bier verwendet. Der Hopfen wird rund eine Woche vor der Flaschenfüllung zugegeben, nach dem Abfüllen kann dann das Hopfensäckchen geborgen werden, der nur gering ausgelaugte Hopfen kann beim nächsten Sud nochmals verwendet werden.

Auch Hopfenextrakt kann noch dem fertigen Bier zugegeben werden. Dies ist nach dem Biergesetz aber nicht zugelassen, Hopfenextrakt darf nur spätestens vor Ende des Würzekochens zugegeben werden.

Trockeneis zugeben

Kohlensäure wird auf eine Temperatur von etwa − 79 °C abgekühlt und verfestigt sich dabei. Beim Auftauen wird daraus gasförmige Kohlensäure. Damit lässt sich Bier auf besonders elegante Weise abkühlen: Trockeneis wird in das Bier gegeben, das Trockeneis „taut" und setzt dabei Kohlensäure frei. Mit dieser Kohlensäure wird das Bier angereichert und gleichzeitig abgekühlt. Das Ergebnis ist ein kühles kohlensäurereiches Bier, auch dann, wenn vorher, wie im Fehlerkompass auf Seite 107 beschrieben, bei der Bierherstellung etwas schief gegangen ist – ein geradezu ideales Verfahren, wenn auch die Kohlensäure nur sehr lose im Bier gebunden ist. Das Biergesetz jedoch verbietet die Zugabe von Kohlensäure, die nicht im eigenen Betrieb gewonnen wurde, womit auch die Zugabe von Trockeneis in das Bier verboten ist.

Gut geeignet ist Trockeneis für jegliche Art der Kühlung und wenn es nicht direkt ins Bier gegeben wird, hat auch das Biergesetz nichts dagegen. Bezogen wird Trockeneis in speziellen Containern. Bezugsquellen finden Sie im Anhang auf Seite 124.

Vorsicht: Trockeneis immer nur mit Handschuhen anfassen, da Sie sich sonst Erfrierungen zuziehen!

Behandlung mit Aktivkohle

Aktivkohle wird durch Reinigung von Holz- oder Knochenkohle gewonnen. Die Wirkung beruht darauf, dass diese Kohle sehr porös ist und daher eine sehr **große Oberfläche** hat. Dadurch kann Aktivkohle störende Stoffe anlagern und damit dem Bier entziehen.

Je nach der überwiegenden Wirkung unterscheidet man **G**-Kohle (beseitigt vorrangig **G**eschmacksfehler) und **F**-Kohle (beseitigt vorrangig **F**arbfehler).

Theoretisch könnten mit F-Kohle also auch zu intensive Färbungen beseitigt werden, allerdings bringt eine Kohlebehandlung so große Nebenwirkungen mit sich, dass auch in Brauereien eine zu starke Färbung lieber hingenommen wird (oder das Bier mit anderem, besser gelungenem verschnitten wird) – erst recht können Hobbybrauer auf eine Farbkorrektur verzichten.

Geschmacksfehler hingegen sind mehr als nur Schönheitsfehler: Sie stören das Trinkerlebnis so, dass sie beseitigt werden müssen. Aktivkohle vom G-Typ eignet sich hierzu am besten. Je nach dem Ausmaß der Schädigung werden bis 1 g, in besonderen Fällen bis 5 g je 10 l Bier verwendet. Die Aktivkohle wird in etwas Bier angerührt und der Gesamtmenge zugegeben. Nach 3 bis 7 Tagen kann das Bier abgefüllt werden. Zu lange sollte damit nicht gewartet werden, weil sich sonst die abgetrennten Stoffe wieder im Bier lösen können. Nach dem Abfüllen dauert es noch einige Zeit, bis das Bier wieder trinkreif ist. Besonders wichtig ist, dass beim Abfüllen Kohletrub nicht mit umgeschlaucht wird.

Bei der Aktivkohlebehandlung werden natürlich nicht nur diejenigen Stoffe aus dem Bier geschieden, die Ziel dieser Behandlung sind, sondern das Bier wird vielmehr insgesamt negativ beeinflusst. Ganz besonders negativ ist, dass ein Hobbybrauer diese Behandlung nicht ohne beträchtlichen Kohlensäureverlust durchführen kann. Um sodann diesen Kohlensäureverlust auszugleichen, sollte nach der Aktivkohlebehandlung immer auch aufgekräust werden (siehe Seite 110).

Tipp: Angesichts der schwierig zu beherrschenden Nebenwirkungen beim Einsatz von Aktivkohle sollte man sich sehr gut überlegen, ob eine Aktivkohlebehandlung wirklich notwendig ist, oder ob der Geschmacksfehler nicht besser hingenommen werden sollte.

Infektionen behandeln

Neben den bisher beschriebenen Mängeln und Fehlern eines Bieres, die im chemischen und physikalischen Bereich ihre Ursache haben, werden Biere gelegentlich auch von Infektionen befallen, also krank.

Das sicherste Mittel, um Infektionen zu verhindern, ist **peinlichste Sauberkeit** bei allem, was mit Bier in Berührung kommt, und auch in allen Räumen, die für die Bierherstellung verwendet werden. Besonders die Räume, in denen das Bier abgekühlt wird oder in denen die Hauptgärung stattfindet, können nicht sauber genug sein und sollten oft gründlichst gereinigt werden.

Der Satz „Vorbeugen ist besser als Heilen“ gilt für Bier-Infektionen in besonderer Deutlichkeit: Selbst technisch bestens ausgestattete Brauereien werden nur selten eine Bier-Infektion heilen können. Hobbybrauer haben praktisch keine Möglichkeit, ein einmal infiziertes Bier noch zu retten.

Neben der Sauberkeit dienen der Vermeidung von Infektionen:

- Hohe Säuregrade, denn Säure wirkt konservierend
- Starke Hopfung, denn Bitterstoffe schützen gegen Infektionen
- Hoher Vergärungsgrad, denn unvergorener Zucker begünstigt Infektionen, hoher Alkoholgehalt schützt davor

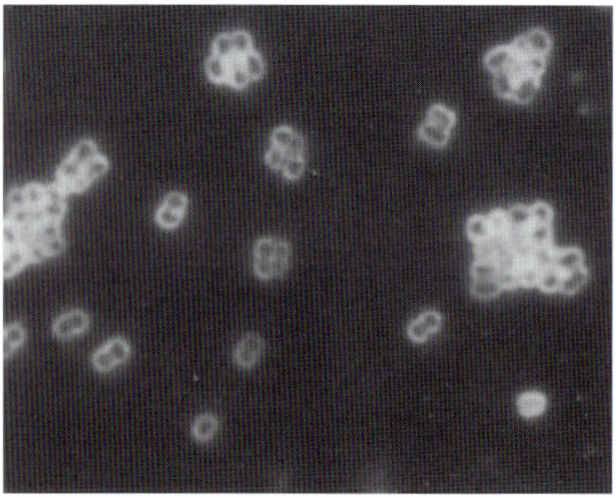

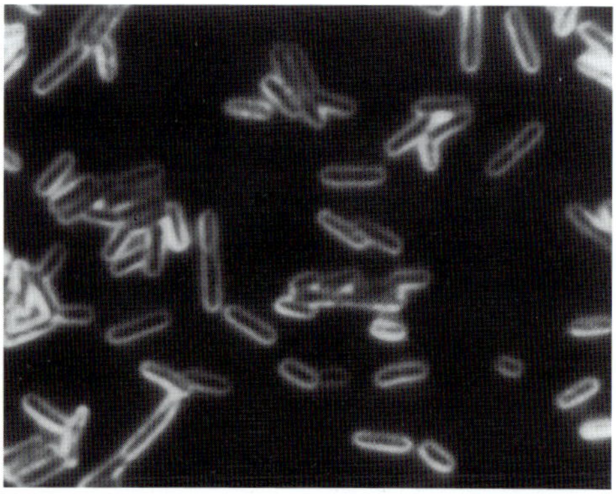

Mikroskopische Aufnahmen häufiger Bierschädlinge (Milchsäurebildner): links Sarzina (*Pediococcus damnosus*) rechts Milchsäurestäbchen (*Lactobacillus brevis*).

- Abfüllen ohne Kohlensäureverlust, denn Kohlensäure schützt vor Infektionen
- Abfüllen ohne Luftberührung, da alle Infektionsauslöser zu ihrer Vermehrung mehr oder weniger Sauerstoff benötigen

Bierinfektionen sind nur mit dem Mikroskop und auch dann nur mit einiger Erfahrung genau zu bestimmen. Hier seien daher nur die charakteristischsten Merkmale der einzelnen Krankheiten beschrieben:

Am häufigsten treten im Bier wohl **Hefetrübungen** auf, verantwortlich hierfür können so genannte „Wilde Hefen" sein, also bierfremde Hefen, ebenso aber auch die Bierhefen selber. Das Bier trübt sich nach zunächst beendeter Gärung wieder ein und gärt erneut – ein hoher Vergärungsgrad schützt hier besonders.

Häufig sind auch Schädigungen durch milchsäure-bildende **Kleinstlebewesen**. Manche verschlechtern nur den Geschmack, andere wirken zudem im Bier trübend.

Beim **Fadenziehen** wird das Bier ölig-dickflüssig. Nach langer Lagerung kann die Erscheinung wieder verschwinden.

Wenig häufig ist im Bier der **Essigstich** (Geschmack nach Essig, glitschige Haut auf der Oberfläche) und der **Kahm** (faltige Haut auf der Oberfläche). Beide Krankheiten entwickeln sich nur, wenn Sauerstoff vorhanden ist. Da Bier im Allgemeinen unter Sauerstoffabschluss gehalten wird, sind diese beiden Krankheiten selten.

Wenn sich jedoch schon eine Infektion im Bier bemerkbar macht, so ist durch **Pasteurisieren** vielleicht noch etwas zu retten. Die verschlossenen Flaschen werden im Wasserbad langsam auf 60 °C erwärmt und diese Temperatur wird 20 Minuten gehalten.

Sieht man davon ab, dass wegen des Alkoholgehaltes (Alkohol wirkt desinfizierend) eine geringere Temperatur genügen würde, müssen dieselben Grundsätze wie beim Pasteurisieren von Fruchtsäften beachtet werden:

- Flaschen nicht ins heiße Wasser stellen, sondern mit diesem zusammen erwärmen
- Flaschen nicht direkt auf den Gefäßboden stellen, sondern auf den Rost des Einmachapparates
- Flaschen dürfen sich nicht gegenseitig und nicht die Topfwandung berühren
- Flaschen nach dem Herausnehmen aus dem Wasserbad auf einen isolierenden Untergrund stellen, also Holz, Styroporplatte, Tücher – nicht auf die Edelstahlspüle

Trotz dieser Vorsichtsmaßnahmen wird es nicht ohne Flaschenbruch abgehen, auch bei Brauereien rechnet man mit bis zu 0,4 % Bruch. Voraussetzung für einen nur geringen Bruch ist, dass in den Flaschen ein Leerraum bleibt von etwa 4 bis 5 cm (je nach Form des Flaschenhalses) bei 0,5 l-Flaschen, bei anderen Flaschen entsprechend mehr oder weniger.

In Brauereien werden Infektionen durchweg durch **EK-Filtration** bekämpft, das ist eine besonders gründliche Filtration, bei der auch kleinste Infektionsträger zurückgehalten werden können. Diese EK-Filtration kann unter Hobbybrauer-Bedingungen nicht durchgeführt werden.

Beide Verfahren, Pasteurisation wie EK-Filtration, werden in Brauereien auch schon vorbeugend angewandt. Angesichts der unvermeidlichen Qualitätsverluste bei der Pasteurisation wird auch dies für Hobbybrauer nicht in Frage kommen.

Besonders wichtig ist, zu verhindern, dass sich Infektionen noch über das zunächst infizierte Bier hinaus weiter auswirken können: Wenn eine Infektion einmal aufgetreten ist, so müssen sämtliche Geräte, mit denen das Bier ab dem Hopfenseihen in Berührung kam, gründlich gereinigt werden. Heißes Wasser allein genügt nicht, es muss ein Reinigungsmittel verwendet werden. SO_2 (Schwefeldioxid)-Lösung ist das für den Hobbybrauer geeignetste Mittel. Für eine 2%ige Lösung werden je Liter Wasser 40 g Kaliumdisulfit und 10 g Zitronensäure (beides in allen Geschäften erhältlich, die Weinbereitungs-Zubehör führen) zugegeben. SO_2-Dämpfe reizen die Atmungsorgane, also Vorsicht! Auch 2%ige heiße Sodalösung (20 g Soda je l Wasser) ist geeignet. In jedem Fall müssen alle infizierten Geräte gut eingeweicht, wenn möglich gebürstet und danach mit heißem Wasser nachgespült werden.

Wenn ein Bier einmal durch Infektionen untrinkbar geworden ist, so muss es nicht unbedingt weggeschüttet werden. Man kann aus der Not auch eine Tugend machen: Probieren Sie es einfach einmal mit **Bieressig**: Stellen Sie das verdorbene Bier in einem offenen Gefäß in einen gut temperierten Raum und geben Sie eine „Essigmutter" zu. Das ist jene speckige, glitschige Schicht, die sich auf der Oberfläche des Essigs bildet, wenn eine Essigflasche zu lange in Anbruch liegt.

Da zur Umwandlung des Alkohols in Essig Sauerstoff notwendig ist, sollte öfter umgerührt oder mit einem Trinkrohr (Strohhalm) Luft durchgeblasen werden. Der Essig ist nach einigen Wochen fertig, er ist zwar etwas schwach, aber er verleiht Salaten eine interessante Geschmacksnote.

Anhang

Rechtliche Grundlagen für die Bierherstellung

Bierrecht der Bundesrepublik Deutschland

Die folgenden Bestimmungen sind für Hobbybrauer nicht verbindlich, aber einige werden den Ehrgeiz haben, ihr Bier dem Reinheitsgebot entsprechend zu brauen. Der einschlägige **§ 9 Vorläufiges Biergesetz** wird daher im Wortlaut abgedruckt:

§ 9 Vorläufiges Biergesetz

(1) Zur Bereitung von untergärigem Bier darf, abgesehen von den Vorschriften in den Absätzen 4 bis 6, nur Gerstenmalz, Hopfen, Hefe und Wasser verwendet werden. Die Bereitung von obergärigem Bier unterliegt derselben Vorschrift; es ist hierbei jedoch auch die Verwendung von anderem Malz und die Verwendung von technisch reinem Rohr-, Rüben- oder Invertzucker sowie von Stärkezucker und aus Zucker der bezeichneten Art hergestellten Farbmitteln zulässig.

(2) Unter Malz wird alles künstlich zum Keimen gebrachte Getreide verstanden.

(3) Die Verwendung von Färbebieren, die nur aus Malz, Hopfen, Hefe und Wasser hergestellt sind, ist bei der Bierbereitung gestattet, unterliegt jedoch besonderen Überwachungsmaßnahmen.

(4) An Stelle von Hopfen dürfen bei der Bierbereitung auch Hopfenpulver oder Hopfen in anderweit zerkleinerte Form oder Hopfenauszüge verwendet werden, sofern diese Erzeugnisse den nachstehenden Anforderungen entsprechen:

1. Hopfenpulver und anderweit zerkleinerter Hopfen sowie Hopfenauszüge müssen ausschließlich aus Hopfen gewonnen sein.
2. Hopfenauszüge müssen
   a) die beim Sudverfahren in die Bierwürze übergehenden Stoffe des Hopfens oder dessen Aroma- und Bitterstoffe in einer Beschaffenheit enthalten, wie sie Hopfen vor oder bei dem Kochen in der Bierwürze aufweist,
   b) den Vorschriften des Lebensmittelrechts entsprechen.

(5) Die Hopfenauszüge dürfen der Bierwürze nur vor Beginn oder während der Dauer des Würzekochens beigegeben werden.

(6) Als Klärmittel für Würze und Bier dürfen nur solche Stoffe verwendet werden, die mechanisch oder adsorbierend wirken und bis auf gesundheitlich, geruchlich und geschmacklich unbedenkliche, technisch unvermeidbare Anteile wieder ausgeschieden werden.

(7) Auf Antrag kann im einzelnen Falle zugelassen werden, dass bei der Bereitung von besonderen Bieren und von Bier, das zur Ausfuhr oder zu wissenschaftlichen Versuchen bestimmt ist, von den Absätzen 1 und 2 abgewichen wird. Für die Zulassung von Ausnahmen sind die nach Landesrecht zuständigen Behörden zuständig.

(8) Die Vorschriften in den Absätzen 1 und 2 finden keine Anwendung für diejenigen Brauereien, die Bier nur für den Hausbedarf herstellen (Hausbrauer).

(9) (weggefallen)

(10) (weggefallen)

(11) Zur Herstellung von obergärigem Einfachbier darf nach Maßgabe der Zusatzstoff-Zulassungsverordnung vom 22. Dezember 1981 (BGBl. I S. 1625, 1633) in der jeweils geltenden Fassung Süßstoff verwendet werden.

Zum besseren Verständnis werden einige der Bestimmungen kurz erläutert:

Zu Abs. 1: In Süddeutschland gelten landesrechtliche strengere Vorschriften. Auch obergäriges Bier muss ohne Zucker und aus Zucker gewonnenen Farbmitteln (Zuckercouleur) hergestellt werden.

Zu Abs. 2: Reis und Mais gelten hier nicht als Getreide.

Zu Abs. 5: Die Hopfenpellets entsprechen dieser Vorschrift.

Das **Biersteuergesetz** regelt die Besteuerung und die Steuerbefreiung für Hausbrauer. Einschlägige Bestimmungen hierzu sind:

§ 2 – Steuertarif

(1) Das Bier wird nach Grad Plato in Steuerklassen eingeteilt. Die Biersteuer beträgt für einen Hektoliter Bier 0,787 Euro je Grad Plato. Grad Plato ist der Stammwürzegehalt des Bieres in Gramm je 100 Gramm Bier, wie er sich nach der großen Ballingschen Formel aus dem im Bier vorhandenen Alkohol- und Extraktgehalt errechnet. Bruchteile eines Grades (Nachkommastellen) bleiben außer Betracht.

(2) Abweichend von Absatz 1 ermäßigt sich der Steuersatz für im Brauverfahren hergestelltes Bier aus unabhängigen Brauereien mit einer Gesamtjahreserzeugung von weniger als 200 000 hl Bier in Stufen von 1000 zu 1000 hl gleichmäßig (...)

- auf 84,0 vom Hundert bei einer Jahreserzeugung von 40 000 hl,
- auf 78,4 vom Hundert bei einer Jahreserzeugung von 20 000 hl,
- auf 67,2 vom Hundert bei einer Jahreserzeugung von 10 000 hl und
- auf 56,0 vom Hundert bei einer Jahreserzeugung von 5000 hl.

Die Stufen beginnen bis auf die Stufe zwischen 5000 und 6000 hl aufsteigend mit den vollen Tausendern. Die Stufe zwischen 5000 und 6000 hl beginnt mit der 5000 hl übersteigenden Jahreserzeugung. Unter 5000 hl bleibt der ermäßigte Steuersatz von 56 vom Hundert unverändert. Die Steuersätze werden auf vier Stellen nach dem Komma, die Steuerbeträge je Hektoliter Bier auf zwei Stellen nach dem Komma, genau ermittelt. (...)

§ 3 – Steuerbefreiungen

(3) Der Bundesminister der Finanzen wird ermächtigt, durch Rechtsverordnung mit Zustimmung des Bundesrates Bier, das von Haus- und Hobbybrauern in ihren Haushalten ausschließlich zum eigenen Verbrauch bereitet wird, bis zu einer Menge von 2 hl im Kalenderjahr von der Steuer zu befreien.

§ 9 – Fälligkeit

(1) Der Steuerschuldner hat die nach § 7 Abs. 1 entstandene Steuer bis zum 20. Tag des Monats zu entrichten, der auf den Monat folgt, in dem die Steuer entstanden ist.

Zu den Gesetzen noch einige Erläuterungen:
Die in § 2 genannte große Ballingsche Formel lautet:

$$\text{Stammwürze} = \frac{100 \times [(2.0665 \times A) + E]}{100 \times (1.0665 \times A)}$$

A ist der Alkohol in Gew.-%.
(Lassen Sie sich nicht verwirren, dass Balling mit Gew.-% rechnet, Sie müssen die Berechnung ja vermutlich nie durchführen – und wenn, dann gibt es Formeln zum Umrechnen).
E ist der unvergorene Extrakt in Gew.-%.
Die Stammwürze ist angegeben in Grad Plato.

§ 2 der in § 3 des Biersteuergesetzes genannten Rechtsverordnung (**BierStV**) lautet:
(1) Bier, das von Haus- und Hobbybrauern in ihren Haushalten ausschließlich zum eigenen Verbrauch bereitet und nicht verkauft wird, ist von der Steuer bis zu einer Menge von 2 Hektoliter im Kalenderjahr befreit. Bier, das von Hausbrauern in nicht gewerblichen Gemeindebrauhäusern hergestellt wird, gilt als in den Haushalten der Hausbrauer hergestellt.
(2) Haus- und Hobbybrauer haben den Beginn der Herstellung und den Herstellungsort dem Hauptzollamt vorab anzuzeigen. In der Anzeige ist die Biermenge anzugeben, die voraussichtlich im Kalenderjahr erzeugt wird. Das Hauptzollamt kann Erleichterungen zulassen.

Die Unterscheidung in Einfachbier, Schankbier, Vollbier und Starkbier spielt bei der Steuer keine Rolle mehr und ist nicht mehr im Biersteuergesetz verankert.

Auszug aus der Lebensmittelverordnung (Schweiz)

In der Schweiz ist die Herstellung von Bier in der Lebensmittelverordnung vom 26. Mai 1936 geregelt. Die dort festgelegten Grundsätze gelten natürlich nur für Bier, das in den Verkehr gebracht wird; der Hobbybrauer muss sich also nicht unbedingt daran halten. Hier der Wortlaut der einschlägigen Bestimmungen, die übrigens, anders als im deutschen Recht, für ober- und untergäriges Bier gleichermaßen gelten.

Art. 377
(1) Bier ist alkoholisches und kohlensäurehaltiges Getränk, das aus einer Würze gewonnen wird, die mit Hefe vergoren wird und der Doldenhopfen oder Hopfenprodukte zugesetzt werden; die Würze ist aus stärke- oder zuckerhaltigen Rohstoffen und aus Trinkwasser hergestellt.
(2) Das Bier muss in der Regel klar sein. Nur bestimmte Biertypen (z. B. Hefebier) dürfen Trübungen oder Ablagerungen als Folge eines speziellen Herstellungsverfahrens aufweisen.

Art. 378
(1) Für die Herstellung der Würze können neben Gersten- oder Weizenmalz die folgenden stärke- oder zuckerhaltigen Rohstoffe verwendet werden:
a) Cerealien wie Gerste, Weizen, Mais, Reis;
b) Saccharose, Invertzucker, Dextrose, Glukosesirup bis höchstens 10 Gewichtsprozent;
c) Stärke bis höchstens 20 Gewichtsprozent.
(2) Als Hopfenprodukte gelten: Hopfenpulver, angereichertes Hopfenpulver, Hopfenextrakt, Hopfenextraktpulver und isomerisierter Hopfenextrakt.

(3) Für die Zubereitung der Würze dürfen Röstmalz und Röstmalzextrakte verwendet werden.

(4) Der pH-Wert des Bieres darf bei der Abgabe an den Verbraucher 5,0 nicht übersteigen.

(5) Der Gehalt an Kohlensäure muss mindestens 0,30 Gewichtsprozent betragen.

Art. 381

(1) Für die Kellerbehandlung von Bier dürfen nur die folgenden Stoffe verwendet werden:

a) bei der Zubereitung der Würze: Zitronen-, Milch-, Schwefel-, Salz- und o-Phosphorsäure, Kalziumsulfat und Kalziumchlorid;
b) Klärmittel mit mechanischer Wirkung: Kieselgur und Zellulose;
c) adsorptiv wirkende Stabilisierungsmittel: Bentonite, Kieselgel, Polyamide und Polyvinylpolypyrrolidon (PVPP);
d) Fällungsmittel: Tannin;
e) reines Kohlendioxid;
f) Ascorbinsäure bis höchstens 50 mg/kg.

Auszug aus dem Österreichischen Lebensmittelbuch

In Österreich ist die Herstellung, die Lagerung und der Ausschank von Bier im Österreichischen Lebensmittelbuch (Codex alimentarius austriacus) festgehalten. Bestimmungen, die die Herstellung betreffen, hier im Wortlaut:

(1) Bier im allgemeinen Sinne des Wortes ist ein hauptsächlich aus Zerealien, Hopfen und Wasser im Sinne des Codex – allenfalls aufbereitet – unter Zuhilfenahme von Hefe durch Gärung bereitetes alkohol- und kohlensäurehältiges Getränk, das neben diesen beiden Stoffen als wesentliche Bestandteile noch eine mehr oder minder große Menge Extraktstoffe enthält, die aus den genannten Rohmaterialien stammen und dessen Alkohol ausschließlich aus den vergärbar gemachten Anteilen der bei der Erzeugung verwendeten Rohstoffe herrührt.

(2) Unter den zur Herstellung von Bier verwendeten Zerealien steht die Gerste, vornehmlich in Form von Malz, an erster Stelle; neben ihr kommen noch – als Rohfrucht oder in gemälztem Zustand – andere Zerealien, Stärke und Zucker sowie Erzeugnisse aus diesen für Bierbereitung in Betracht.

(3) Wertmindernde Stoffe, wie frische Zuckerrüben, Futterrüben, Trockenrüben, minderwertige Sirupe (z. B. Rübenzuckermelasse und Abfälle der Traubenzuckerfabrikation), Pferdebohnen, Wrucken, Quecke, Süßholz usw., werden bei der Bierbereitung nicht verwendet.

(4) Außer Hopfen können nur aus Hopfen ohne sonstige Zusätze gewonnene so genannte „Hopfenkonzentrate“ und „Hopfenextrakte“, in den Brauereien für den eigenen Bedarf in besonderen Apparaten aus Hopfen hergestellte Auszüge und Lupulin (der wirksame Bestandteil des Hopfens) verwendet werden. Die Verwendung von Ersatzstoffe für Hopfen (Hopfensurrogate) ist unzulässig.

(5) Wenn bei der Herstellung außer Gerstenmalz andere zulässige Produkte in einem Ausmaß von mehr als 25 % der Trockensubstanz der Schüttung verwendet werden, so muss das Bier eine diesem Tatbestand entsprechende Bezeichnung tragen.

(6) Man unterscheidet nach der Art der verwendeten Hefe untergäriges und obergäriges Bier. In Österreich wird vorwiegend untergäriges Bier – licht (hell) und dunkel – erzeugt. Lichtes (helles) Bier ist im Allgemeinen stärker gehopft. Obergäriges Bier ist z B. Weißbier, das hauptsächlich aus Weizenmalz erzeugt wird.

(9) Um ein besonders vollmundiges und schaumhaltiges Bier zu erzielen, werden diesem beim Abfüllen in Fässer gelegentlich

so genannte Kräusen bis zu 5 Vol.-% zugesetzt. Unter Kräusen versteht man die am Anfang der Gärung stehende unfiltrierte Bierwürze. Die so hergestellten Biere heißen Kräusenbiere; sie weisen eine leichte von der Hefe herrührende Trübung auf.
(17) Die Azidität des Bieres rührt annähernd zu gleichen Teilen von primären Phosphaten und freien flüchtigen und nichtflüchtigen organischen Säuren her. Der pH-Wert des von Kohlensäure befreiten Bieres liegt nicht über 4,9 und darf bei untergärigem Bier keinesfalls unter 4,0, bei obergärigem Bier nicht unter 3,8 liegen.
(19) Aus den Rohstoffen, durch die Gärung sowie durch die kellereimäßige Behandlung der Gebinde gelangt Schweflige Säure in das Bier. Dadurch kann das Bier bis zu 25 mg Schweflige Säure (berechnet als SO_2) je Liter enthalten.
(20) Die Klärung von Bier kann durch physikalische Methoden, z.B. Filtration oder Absorption bewirkt werden. Um eine spätere Trübung des Bieres hintanzuhalten, können bei seiner Herstellung auch Verfahrensarten zur Anwendung kommen, durch die unerwünschte Polyphenole und Eiweißkörper gebunden werden. Schließlich ist die Verwendung von so genannten bierstabilisierenden eiweißabbauenden Enzymen oder eiweißfällenden Mitteln erlaubt.
(21) Für die Haltbarmachung von Bier kommen vorwiegend das Pasteurisieren und die Entkeimungsfiltration in Betracht. Konservantien werden nicht zugesetzt.
(22) Künstliche Süßstoffe dürfen bei der Herstellung von Bier, ausgenommen Diätbier, bei welchem deren Zusatz unter Deklaration gestattet ist, nicht verwendet werden.
(23) Als Färbemittel werden nur so genanntes Färbebier sowie Zuckercouleur verwendet.
(24) Um die Bildung geschmacklich unerwünschter Oxydationsprodukte zu verhindern, ist ein Zusatz von sauerstoffbindenden Mitteln, wie Ascorbinsäure und deren Salze, zulässig.
(25) Das Neutralisieren von essigstichigem oder saurem Bier ist unzulässig.
(26) Die Verwendung von Schwermetallverbindungen und Saponinen als schaumstabilisierende Mittel ist unzulässig.

Kunststoffgeräte?

Viele zur Bierherstellung benötigte Geräte werden aus Kunststoffen hergestellt. Daher werden an dieser Stelle einige grundsätzliche Überlegungen über Kunststoffe in Küche und Keller angeführt.

Kunststoffe haben sich in einem beispiellosen Siegeszug als Werkstoffe für Küchen- und Haushaltsgeräte durchgesetzt und viele früher gebräuchliche Materialien verdrängt. Das ist verständlich, haben doch Geräte aus Kunststoffen viele Vorteile:

- Sie sind billig
- Sie bringen wenig Gewicht
- Sie sind in fast jeder passenden Größe herstellbar
- Sie sind leicht zu reinigen
- Sie sind fast unzerstörbar

Dagegen wurde die Gefährlichkeit dieser Stoffe kaum beachtet. Stoffe, die als gesundheitsgefährdend erkannt wurden, sind zunehmend vom Markt verschwunden. Möglicherweise sind viele Gefahren, die von Kunststoffen ausgehen, jedoch überhaupt noch nicht bekannt. Zumindest aber weiß man, dass gesundheitsschädliche

Stoffe freigesetzt werden können, entweder durch chemische Prozesse oder durch mechanische Beschädigungen. Besonders zwei Stoffgruppen sind hier zu nennen:

- Weichmacher: Viele Kunststoffe sind eigentlich spröde und brüchig und erhalten erst durch den Zusatz von Weichmachern ihre Elastizität. Über die Folgen dieser Stoffe in einem Organismus weiß man noch längst nicht alles.
- Schwermetalle: In Kunststoffen wird häufig zur Einfärbung das Schwermetall Cadmium verwendet, ein Schwermetall, das besonders die Nieren schädigt.

Die Gefahr, dass heute gekaufte Haushaltsgeräte aus Kunststoff Weichmacher und Schwermetalle enthalten, ist deutlich geringer als vor einigen Jahren. Dennoch sind die Herstellung und die Beseitigung von solchen Kunststoffgeräten äußerst Umwelt belastend.

Wo trotz dieser Gefahren nicht auf die Verwendung von Kunststoffgeräten verzichtet werden soll oder kann, sollten doch einige Dinge beachtet werden:

Gelbe, rote und orange Kunststoffe enthalten hin und wieder immer noch Cadmium, besonders Billigerzeugnisse aus Asien! Zwar ist dies nicht immer so, doch lässt sich der Cadmiumgehalt ja nicht erkennen, wie meist auch nicht die Herkunft des Kunststoffgerätes. Meiden Sie also Gelb-, Rot- und Orangetöne. Weniger problematisch sind Geräte aus grauem, braunem oder beigem Material.

Auf keinen Fall sollten Sie Farb-, Chemikalien- oder Waschmitteleimer für Lebensmittel verwenden, selbst dann nicht, wenn sie gründlichst gereinigt wurden! Die größere Gefahr geht nämlich nicht von den Rückständen des früheren Inhalts aus, sondern vom Material, das eben bei Farbeimern usw. nicht lebensmittelecht sein dürfte.

Weichmacher – der Name sagt alles – werden verwendet, um an sich hartes, sprödes Material biegsam und geschmeidig zu machen. Es werden also umso weniger Weichmacher eingesetzt, je härter das Material ist.

In welchem Ausmaß schädliche Stoffe vom Behältnis auf den Inhalt übergehen, hängt auch sehr von den Bedingungen ab, unter denen die Behältnisse verwendet werden. Besonders vermieden werden sollten daher:

- Kratzer und Risse
- hohe Temperaturen
- lange Kontaktzeit
- saurer Inhalt
- stark fetthaltiger Inhalt

Anders ausgedrückt, die Verwendung von Kunststoffgeräten ist umso eher hinzunehmen, je

- neuer, unbeschädigter das Gerät ist
- niedriger die Temperatur
- kürzer die Lagerzeit
- weniger sauer der Inhalt
- fettärmer der Inhalt

Was nun das Bier anbelangt, so kann der Gesichtspunkt „Fett“ vernachlässigt werden. Aber Bier ist doch leicht sauer, daher sollte besonders der Kontaktzeit Beachtung geschenkt werden. Die Faktoren „Temperatur“ und „Zeit“ spielen natürlich beim Sud eine besonders wichtige Rolle. Wenn also für die Rastzeiten Kunststoffbehälter verwendet werden, so unbedingt nur wirklich lebensmittelechte!

Bier durch Kunststoffschläuche zu pumpen, dürfte wegen der kurzen Zeit, in der die Flüssigkeit mit dem Gerät Kontakt hat, unproblematisch sein. Das Bier in den mindestens drei Monaten der Gärung und Reifung in Kunststoffbehältern zu lagern ist vertretbar, wenn es sich um speziell für Lebensmittellagerung geeignete Materialien handelt. Die im Hobbybrauerbedarfshandel angebotenen Geräten erfüllen diese Bedingung.

Dass nur geringste Mengen an Weichmachern vom Gefäß an das Bier abgegeben werden, sollte nicht dazu verleiten, das Problem zu vernachlässigen.

Weichmacher sind auch in verschwindend geringen Spuren höchst gefährlich, die Krebs auslösende Wirkung gilt als nachgewiesen. In den USA wurde daher beispielsweise schon 1974 verboten, Wein in PVC-Flaschen abzufüllen.

Wenn also in diesem Buch irgendwo die Verwendung von Kunststoffgeräten beschrieben wird, dann sollte der Leser über die in diesem Kapitel beschriebenen Gefahren selbst nachdenken. Dabei ist auch zu berücksichtigen, dass im Gegensatz zum PVC dem Polyethylen (PE) eine Schädlichkeit bislang hat kaum nachgewiesen werden können. Im Zweifel sollte daher PE vorgezogen werden. Aber das berüchtigte Restrisiko ist auch bei PE noch vorhanden.

Überlegt werden sollte immer, ob nicht Geräte aus Edelstahl, Glas oder Holz für den jeweiligen Zweck ebenfalls zu tragbaren Kosten erworben und unter tragbaren Bedingungen (Sauberhalten!) verwendet werden können. Edelstahl ist für viele Zwecke ein fast idealer Werkstoff.

Bildquellen:

Die Zeichnungen fertigte Marlene Gemke, Wien, nach Angaben des Verfassers.
Die mikroskopischen Aufnahmen auf den Seiten 33 und 114 stellte freundlicherweise das Institut für Brauereitechnologie und Mikrobiologie Weihenstephan zur Verfügung.

Verzeichnisse

Bezugsquellen

Die hier aufgeführten Firmen beliefern Sie mit allem, was Sie zum Bierbrauen brauchen oder nennen Ihnen Bezugsquellen. Auch die nach dem Konzentrationsprozess noch verbliebenen örtlichen Brauereien und Mälzereien werden bereit sein, den „Kollegen" von der Hobbybrauerzunft mit Material, vielleicht auch mit Rat und Tat zu unterstützen. Glasballons, Schläuche und viele Kleingeräte sind bei der Weinherstellung gleichfalls notwendig; in Winzerbedarfs-Fachgeschäften werden Sie diese Gegenstände bekommen.

Das Internet hat sich zu einem wichtigen Forum entwickelt, in dem man sich alles, was der Mensch so braucht, besorgen kann. Auch als Hobbybrauer können Sie sich dieser Quelle bedienen. Es ist nicht sinnvoll, die mittlerweile umfangreiche Liste von Anbietern hier zu veröffentlichen, zumal sich Internetadressen häufig ändern und laufend neue hinzukommen.

Internet-Suchmaschinen (z. B. www.google.de) gibt hier einen aktuelleren Stand wieder, als dies ein gedrucktes Werk kann. Suchen Sie einfach unter „Hobbybrauer", „Hausbrauer" usw. Unter www.netbeer.org sind viele Anbieter aufgelistet.

Für Jene, die (noch) nicht das Internet nutzen, werden hier Anbieter genannt, die sich seit Jahren am Markt behauptet haben oder ein besonders breites Spektrum anbieten:

Paul Arauner GmbH & Co. KG
Wörthstraße 34/36
D-97318 Kitzingen
Tel.: 00 49 (0) 93 21 / 13 500
Fax: 00 49 (0) 93 21 / 13 50 41
E-Mail: verkaufhefe@arauner.com
www.arauner.com

DER HOBBYBRAUER-VERSAND
Satkau 1
D-29459 Clenze
Tel.: 00 49 (0) 58 44 / 630
Fax: 00 49 (0) 58 44 / 976402
E-Mail: udo.krause.satkau@t-online.de
www.satkau1.de

holzeis Kellereibedarf Knopf GmbH
Fachversand- und Fachgeschäft für Hobby-Bierbrauer, -Schnapsbrenner, -Winzer
Detail & Großhandel
Gurkgasse 16
A-1140 Wien
Tel.: 00 43 (0) 1 / 982 62 40
Fax: 00 43 (0) 1 / 982 82 08
E-Mail: info@holzeis.at
www.holzeis.com

Krupka-Niemann
Spezialversand für den Hausbrauer
Kanalstr.-Nord 46a
D-26169 Kamperfehn
Tel.: 00 49 (0) 44 97 / 910 66
Fax: 00 49 (0) 44 97 / 92 10 75
E-Mail: info@selbstgebraut.de
www.selbstgebraut.de

Oberacker Heimbrau-Service
Gellertstr. 12
D-76344 Eggenstein
Tel.: 00 49 (0) 721 / 70 60 02
Fax: 00 49 (0) 721 / 78 18 622
E-Mail: info@oberacker.de
www.oberacker.de

Albert Pfäffle GmbH
Gymnasiumstraße 73
D-74072 Heilbronn
Tel.: 00 49 (0) 71 31 / 84 589
Fax: 00 49 (0) 71 31 / 82 294
E-Mail: info@pfaeffle-heilbronn.de
www.pfaeffle-heilbronn.de

VIERKA, Friedrich Sauer
Weinhefezuchtanstalt GmbH & Co.
D-97628 Bad Königshofen
Tel: 00 49 (0)97 61/9 18 80
Fax: 00 49 (0)97 61/9 88 44
E-Mail: mail@vierka.de
www.vierka.de

Literatur

Im In- und Ausland, in vielen Sprachen wurden Bücher über das Thema „Bier" veröffentlicht.

Die Fachbuchhandlung Hans Carl in Nürnberg hat einen Prospekt herausgegeben, der einen großen Teil aller derzeit lieferbaren deutschen Titel über dieses Thema enthält, auch einige ausländische Titel werden darin aufgeführt.

An dieser Stelle werden nur Werke erwähnt, die bei der Abfassung dieses Buches eine Rolle gespielt haben oder die dieses Buch stofflich ergänzen und abrunden können. Einige der Bücher sind vergriffen, in größeren Bibliotheken aber zu finden.

Allgemeines über Bier

Hahn, Johann G.: Die Hausbierbrauerei. Die Werkstatt, Göttingen 2004 (Reprint von 1804).

Höllhuber, Dietrich; Kaul, Wolfgang: Die Biere Deutschlands. 2. Auflage, Carl, Nürnberg 1993.

Jackson, Michael: Bier. Dorling Kindersley, Starnberg 2000.

Lexikon der Biere. Mehr als 300 Biere aus aller Welt. Komet, Köln 2004.

Bierherstellung im Haushalt

Bier selbst gebraut. In: Hobbythek-Buch 7, Verlagsgesellschaft Schulfernsehen, Köln 1982 (vergriffen).

Hangkofer, Hubert: Bier brauen nach eigenem Geschmack. BLV, München 1999.

Hlatky, Christine; Hlatky, Michael: Bierbrauen zu Hause. Mit Spezialitäten aus ganz Europa. Stocker, Graz 1997.
Hlatky, Michael: Bierbrauen für Jedermann, Stocker, Graz 2004.
Krause, Udo: Bier brauen. Das Praxisbuch. Von den Zutaten über die Grundausstattung bis hin zu den acht Phasen der Bierherstellung. Ludwig, München 2002.
Lehrl, Richard: Bier brauen. Ulmer, Stuttgart 2000.
Schmidt, Karl-Friedrich: Bier, einfach selbst gebraut. Parey, Berlin 1997.

Fachbücher zur Bierherstellung

Clerck, Jean de: Lehrbuch der Brauerei, Band 1: Rohstoffe, Herstellung, Einrichtung. 2. Auflage, VLB Berlin 1964.
Clerck, Jean de: Lehrbuch der Brauerei, Band 2: Analysemethoden – Betriebskontrollen. 2. Auflage, VLB Berlin 1965.
Heyse, Karl-Ullrich (Hrsg.): Handbuch der Brauereipraxis. 3. Auflage, Carl, Nürnberg 1995.
Narziß, Ludwig; Back, Werner: Abriss der Bierbrauerei. 7. Auflage, Wiley-VCH, Weinheim 2004.
Schuster, Karl; Weinfurtner, Franz; Narziß, Ludwig: Die Technologie der Malzbereitung. 7. Auflage, Wiley-VCH, Weinheim 1999 (Die Bierbrauerei, Band 1).
Schuster, Karl; Weinfurtner, Franz; Narziß, Ludwig: Die Technologie der Würzebereitung. 8. Auflage, Wiley-VCH, Weinheim 2001 (Die Bierbrauerei, Band 2).
Weinfurtner, Franz: Die Technologie der Gärung, Das fertige Bier. 3. Auflage, Enke, Stuttgart 1998 (Die Bierbrauerei, Band 3).
Zentgraf, Georg; Kneißl, Ansgar: Die Brauerei im Bild. A pictorial guide to modern brewery. 10. Auflage, Carl, Nürnberg 1993.

Sachregister

Sternchen verweisen auf Abbildungen

Bibliografische Information der Deutschen Bibliothek
Die Deutsche Bibliothek verzeichnet diese Publikation in der Deutschen Nationalbibliografie; detaillierte bibliografische Daten sind im Internet über http://dnb.ddb.de abrufbar.

E-Mail: info@ulmer.de, Internet: www.ulmer.de
Printed in Germany
Lektorat: Anke Ruf
Herstellung und DTP: Ursula Stammel
Druck und Bindung: Druckerei zu Altenburg, Altenburg
Umschlagfoto: Foodpix / mauritius images

ISBN-13: 978-3-8001-4857-8
ISBN-10: 3-8001-4857-9